Blanche Marci

Lettre à Johanna

Déjà parus dans la collection *Plus belle la vie*

Les Secrets du Mistral, tome 1
Le Corbeau du Mistral, tome 2
Le Trésor du Mistral, tome 3
La Fiancée du Mistral, tome 4
L'Inconnu du Mistral, tome 5
Les Mensonges du Mistral, tome 6
La Vengeance du Mistral, tome 7
Vincent, une nouvelle vie, tome 8
Le Mistral, années 1970. Charles et Roland
Plus belle la vie. Le Livre d'or
Plus belle la vie. Les Comédiens

Le tigre bleu, 31, rue Faidherbe, 75011 Paris
www.tigrebleu.fr

Blanche Marci

Lettre à Johanna

Samedi 21 mai

Johanna, ma chérie,

Tout mon être tremble encore de t'avoir revue, à l'image de mes doigts sur le clavier de l'ordinateur. Tu sors à l'instant de chez moi, de *chez nous* il n'y a pas si longtemps encore. Vite, sans t'attarder, tu es allée chercher Noé dans sa chambre pour l'emmener faire une promenade, en maudissant le sort qui vous a donné la même mère, le sort qui t'oblige à me croiser encore...

Te voir ici a fait revenir tout un lot de souvenirs heureux où nous étions tellement complices. Tu étais une adorable fille de 23 ans, libre, joyeuse, indépendante, et j'étais fière d'y être un peu pour quelque chose. J'étais encore ce qu'on appelle une bonne mère, enfin, je crois. Comment aurais-je pu imaginer qu'un jour je deviendrais une mère haïssable ? Tellement coupable.

Dans tes yeux, quand j'ai ouvert la porte tout à l'heure, j'ai relu ta décision de me rayer de ta vie. Tu as décidé que tu n'avais plus de mère, tu as même une fois martelé clairement ces mots : « JE N'AI PLUS DE MÈRE. » Je comprends et je pense que j'aurais réagi comme toi si ma mère m'avait fait ce que je t'ai fait.

J'ai eu une relation avec ton mari. Je t'ai volé Gaspard, l'homme avec qui tu avais décidé d'être heureuse.

Il me coûte terriblement de relire les deux phrases que je viens d'écrire, mais je dois assumer ce que je t'ai fait. Je te dois au moins ça.

Il y a maintenant deux mois que ma vie s'est écroulée, en même temps que la tienne. Deux mois qu'à tes yeux, et à mes yeux aussi, je suis une mère monstrueuse.

Je sais que je suis fautive, que rien ne pourra changer l'abomination que j'ai commise et la peine que je t'ai infligée, mais c'est dur de penser que je ne pourrai plus te surprendre endormie sur le canapé devant la télé, un magazine sur le ventre, ni t'appeler « ma Johanna », « ma chérie », « ma puce ». Dur de se résigner. Dur de se dire que jamais plus on ne discutera du film qu'on est allées voir ensemble, des petites choses du quotidien comme de nos grands rêves.

Cette faute impardonnable, je la garde en moi comme une blessure qui ne cicatrise pas. J'apprends à vivre avec cette honte que je retrouve le matin en me levant et qui m'accompagne toute la journée. Ces deux derniers mois, j'ai préféré m'abrutir de travail, me consacrer à mes élèves, et à Noé, pour ne pas penser à ce que j'avais fait. Mais on ne peut vivre comme cela, cachée à soi-même.

C'est ce que m'a fait comprendre Mme K., ma psychothérapeute. C'est elle qui m'a encouragée à écrire, à mettre des mots sur ce que j'ai vécu. Elle appelle cela « affronter la réalité ». C'est vrai qu'aujourd'hui encore, j'ai du mal à croire que j'aie pu te faire ça. J'ai mis plusieurs semaines avant de parvenir à ouvrir cette page sur mon ordinateur. Revenir sur cette histoire encore si vive me paraissait impossible. Mais Mme K. a insisté. Elle est persuadée que cela me permettra de me « reconstruire ».

Ce qui m'a finalement décidée, c'est de penser que je n'écrirai pas seulement *pour moi*, mais aussi *pour toi*. À travers cette lettre, je ne cherche pas à me faire pardonner – ce que j'ai fait est impardonnable – mais je veux te permettre de te reconstruire toi aussi. Et pour cela, je pense que tu as besoin de connaître la vérité.

Il y a deux mois, encore sous le choc de la révélation, tu m'as demandé si j'avais aimé Gaspard. Tu avais besoin de poser cette question, besoin de savoir.

Sur le moment, je t'ai répondu oui, mais avec la distance, j'ai compris que la réponse était plus complexe. Qu'est-ce qui m'a poussée dans les bras de mon gendre ? L'amour ? Je ne pense pas. Mais alors quoi ?

Je vais sonder mes sentiments, chercher plus loin que les émotions que j'ai cru ressentir sur le moment, pour tenter de faire remonter tout ce qui se cachait *derrière*. Jalousie de mère, rivalité de femme, frustration du célibat, refus de se voir vieillir... Je ne te cacherai rien, même pas les pires pensées. Tous ces sentiments que j'ai refoulés, que je n'ai pas voulu voir.

J'entrevois aussi la nécessité d'aller chercher des explications plus loin dans mon passé. Quelle fille ai-je été moi-même ? Quelle sorte de mère ai-je voulu être ? Quelle femme suis-je vraiment, moi, Blanche Marci ?

J'ignore quel portrait de moi va ressortir et si même je le supporterai. Je ne sais même pas, au bout du compte, si j'aurai le courage de te faire lire cette lettre.

Toi-même, auras-tu envie de te replonger dans cet enfer ? Cette lettre ne servira sûrement qu'à exorciser ma honte, mais au moins elle me rapprochera de toi, ne serait-ce qu'en pensée, puisque cela m'est désormais impossible dans la réalité.

Quand je te parle ainsi, je t'imagine à mes côtés. Je n'ose pas lever la tête, car je n'arrive pas encore à affronter ton regard. Cette lettre, je l'écris donc les yeux baissés. Elle risque de prendre du temps car chaque mot est une souffrance. Mais je vais essayer d'aller jusqu'au bout, dans l'espoir secret qu'un jour tu me regardes à nouveau dans les yeux. Sans haine.

Dimanche 22 mai

Il fait beau. Que fais-tu ma Johanna ? Peut-être es-tu en train de te baigner avec tes amis ? J'espère que tu as retrouvé un peu de ta joie de vivre et que tu arrives à nouveau à rire.

Ton beau rire clair, voilà ce que j'aimerais réentendre.

Par la fenêtre, je perçois la rumeur du quartier. Des cris d'enfants fusent depuis la cour de l'immeuble. Ils n'ont pas le droit de sortir sur la place du Mistral et se retrouvent confinés entre ces trois immeubles. Pour eux, c'est un vaste royaume, et le passage sombre qui débouche sur la place en est la porte secrète. Qu'est-ce qu'ils s'amusent ! Noé joue dans sa chambre, comme un grand. Il tourne la manivelle de la boîte à musique que tu lui as offerte. Pauvre bout'chou ! Il doit se demander pourquoi tu ne vis plus avec nous, et pourquoi on ne va plus chez Roland, tous ensemble. J'ai peur qu'il ressente toute cette tristesse. Toute cette solitude. Parfois je me dis que je lui ai fait du mal à lui aussi, car il a perdu une famille unie.

Je lui ai promis d'aller faire de la barque au parc Borely, et je dois me forcer pour tenir ma promesse. Je n'ai aucune envie de sortir. L'idée de croiser les voisins m'angoisse toujours autant. La semaine, quand je traverse la place en rentrant de l'école, je sens tous leurs regards posés sur moi. Je fixe le mien droit devant, comme si je ne les voyais pas. Ce que je risque de lire dans leurs yeux me ferait trop de mal. *Elle a couché avec son gendre. Comment peut-on faire ça à sa fille ?*

Thomas me dit que je deviens parano, et que tous ne me jugent pas aussi sévèrement que je l'imagine. Il a sûrement raison, car vendredi ton amie Estelle m'a saluée quand je suis passée devant son institut de beauté. Son geste m'a touchée, et pourtant, de mes lèvres n'est sorti qu'un *bonjour* sec. Elle a dû croire que j'étais fière, avec mon air pincé et mon regard assuré.

J'arrête de me plaindre, et je reviens au sujet qui m'a fait ouvrir cette nouvelle page. J'ai décidé de commencer par le commencement, par ce jour glacé de février où tu es revenue avec des étincelles dans les yeux, et un mari.

Je me souviens parfaitement de la scène. Comme si c'était hier.

Je ferme la porte de l'appartement pour aller te chercher à l'aéroport. Dans l'escalier, je me réjouis de te revoir et j'imagine déjà la soirée qu'on va passer ensemble. Il te faudrait des heures pour me raconter ces deux mois passés aux États-Unis !

Je m'engouffre dans le passage de la cour pour rejoindre la place du Mistral, quand surgit devant moi un clown avec un grand parapluie multicolore. Il veut m'empêcher de passer et entame une pantomime, ponctuée de *Bonjooour Madaaame*, de *Wiiiiizz* et de *Pop*. Tout mon être se hérisse. Tu sais que je n'aime pas ce qui est outré, et les clowns en particulier m'ont toujours crispée.

Bref, je me dis que c'est un importun envoyé pour faire la promotion de je ne sais quel produit, et j'essaie poliment de forcer le passage… « Pardon, excusez-moi »… Mais l'impertinent s'acharne ! Soudain, en faisant un moulinet avec son parapluie, le clown te fait apparaître, toi, ma Johanna !

Tu étais rayonnante.

« Je te présente Gaspard », me dis-tu dans un grand éclat de rire.

– Gaspard ? Mais qui est ce Gaspard ?

« Vous êtes un ami de Johanna ?

– Non, je suis un peu plus… » répond le clown.

Tu précises alors triomphalement:

«C'est mon mari.»

Je ne comprends pas. J'ai sûrement mal entendu. Il y a forcément une erreur...

«Ton quoi ?

–Mon mari. »

Ton mari ? C'est à la fois cocasse et effrayant. J'en ai le souffle coupé.

On monte à l'appartement tous les trois. Dans les escaliers, je me retourne plusieurs fois sur le mystérieux clown qui porte tes bagages avec un air affable.

De retour à l'appartement, je découvre enfin le vrai visage du clown, qui a daigné entre-temps enlever son maquillage et son déguisement. C'est bien un homme, avec deux yeux, un nez, une bouche. Un homme plutôt séduisant même, avec un air enfantin et des boucles noires de gitan. Sans le quitter des yeux, tu me racontes votre rencontre dans une rue de la Nouvelle-Orléans, alors qu'il faisait son numéro de clown, et votre mariage à Las Vegas deux semaines plus tard.

« C'est génial, non, maman ? »

« Est-ce que Gaspard n'est pas le plus romantique des maris ? »

C'est à moi que tu demandes ça ? Mais ce mariage express ressemble à une farce ! J'en suis le dindon, et vous, les auteurs facétieux. Je suis ce malheureux spectateur qu'on choisit dans le public pour le ridiculiser sur scène, puis le forcer à applaudir l'artiste. Comment peux-tu imaginer que je vais cautionner un tel mariage ?

Je fais un effort pour esquisser un sourire, mais celui-ci est crispé.

Une mère DOIT se réjouir du mariage de sa fille, mais je n'y arrive pas. J'ai conscience que je ne réagis pas comme tu l'avais espéré. Je vois bien ta déception dans tes yeux. Tu dois te demander pourquoi je ne me réjouis pas de ton bonheur. *Si elle m'aime, elle devrait savoir que Gaspard est la meilleure chose qui me soit arrivée dans la vie.*

Tu me dis que vous êtes heureux, mais je n'entends qu'une chose : tu t'es mariée à mille lieues d'ici, sans me demander mon avis et sans m'avoir parlé une seule fois de l'heureux élu ! Ton mariage, j'y pensais souvent, ça devait être un moment important qu'on aurait préparé et partagé ensemble… Essaie de te mettre à ma place. Je me suis sentie exclue de ta vie. Rejetée.

Après le départ de ton père et de ton frère à la Nouvelle-Orléans, nous avons formé une sorte de couple toutes les deux, pendant trois ans. Puis Franck est arrivé dans ma vie. Avec lui, j'ai eu Noé. Tout est redevenu normal : j'étais une mère, j'avais un *mari*, on formait une vraie famille.

Mais depuis le départ de Franck l'année dernière, j'ai à nouveau eu tendance à me reposer sur notre *couple* mère/fille. On fonctionnait bien à trois : toi et moi, et Noé.

Et soudain, tu m'annonces que tu es mariée. En un mot, que tu me quittes pour vivre avec quelqu'un d'autre. C'est normal que j'éprouve comme une sorte de dépit amoureux.

Un inconnu, soudain, s'était immiscé entre nous.

Je te laisse ma Johanna, il est l'heure d'y aller. Je vais emmener Noé prendre le soleil.

Mercredi 25 mai

Je reprends le fil de mon histoire là où je l'ai laissée. J'ai eu un mal fou à allumer l'ordinateur. L'angoisse m'a saisie. Je me suis demandée soudain dans quelle galère je m'étais embarquée. C'est dur de revivre tous ces événements, alors que je voudrais les oublier. Oublier Gaspard, oublier ces trois mois où tout a basculé. De la table où j'écris, je contemple le salon vide. Je te revois traversant la pièce dans les pas de Gaspard, avec une joyeuse agitation. Vous êtes sur le point de partir pour un spectacle de rue. « Tu as pris le chapeau rouge ? » « Oui, par contre, je n'ai pas trouvé le pistolet à eau. » Je revois votre excitation à l'approche du spectacle, votre plaisir de partager cette aventure à deux, et de ne pas savoir ce qui vous attend... Tout cela, sur le moment, je n'ai pas voulu le comprendre. Ce bonheur, je n'y croyais pas.

Comme vous logiez à la maison, j'ai pu rapidement me faire une idée de Gaspard. Certes, il était gentil et poli, mais il me déplaisait. C'était plus fort que moi. Faire le clown n'était pas un travail sérieux à mon goût. Je n'ai rien contre les artistes de rue, au contraire, l'art est vital pour que la société respire, surtout en cette période déprimante. Ce qui m'agaçait profondément, c'était son côté immature. Monsieur Gaspard Espira fustigeait les riches et revendiquait sa pauvreté, mais cela ne l'empêchait pas de vivre chez sa belle-mère et de vider son frigo !

Bien sûr, je n'allais pas vous mettre à la porte, mais je n'en pensais pas moins. Il avait 36 ans et n'était même pas inscrit à la Sécurité sociale. Il ne voulait pas gagner d'argent, soit, mais alors qui allait subvenir à ses besoins ? Toi ? Tu allais faire vivre votre famille en te tuant seule à la tâche ?

Quand je te parlais de mes craintes, tu me répondais : « Gaspard vit au jour le jour. Quand il a de l'argent, il le dépense, quand il n'en a pas, il ne fait rien. Et ça me convient. Il est généreux, il est optimiste. » Tu admirais son travail. Selon toi, il donnait de l'espoir aux gens en les faisant sourire. Il te faisait rire et te montrait la beauté du monde.

La beauté du monde ! Moi, je le trouvais tout simplement irresponsable et égoïste. « Et s'il tombe malade ? Et si vous décidez d'avoir un bébé ? Si tu ne peux plus travailler ? » Tu te contentais de rire, en disant que vous vous débrouilleriez toujours. Je ne pouvais que constater qu'il refusait de faire des économies, et que l'argent lui glissait entre les mains.

Tu te rappelles le jour où il est rentré tout heureux parce qu'une vieille dame lui avait donné 20 euros en souvenir de son mari ? Avec l'argent, il a voulu nous inviter à manger un kebab sur le port. Je lui ai dit qu'il ferait mieux de les utiliser plus intelligemment. Qu'est-ce que je n'avais pas dit là ! Tu m'as regardée de travers et, pour me provoquer, tu as déclaré, en entraînant Gaspard par le bras, que son idée était excellente. « *Carpe diem* ! Il faut profiter de la vie, maman ! »

Ce genre d'attitude m'exaspérait. J'avais l'impression que tu étais sous son influence et qu'il te conduisait vers une vie précaire et marginale.

Tu devais me trouver pire que Mirta ! Mais tu sais, on devient un peu réactionnaire quand on est mère. Mon rôle était de te protéger et de te mettre en garde. Tu pensais encore que l'on peut vivre d'amour et d'eau fraîche, et c'est normal, quand on est jeune, de ne pas s'inquiéter de l'avenir et des questions matérielles. J'étais comme toi avant, mais la vie m'a rendue plus terre à terre.

C'est ton père qui a fait voler en éclats mes illusions et qui m'a endurcie. François était généreux et enthousiaste, mais il était complètement immature dans son rapport à l'argent. Rien n'était trop beau pour nous, et il voyait la vie comme un grand terrain de jeu. *Carpe diem !* Lui aussi il avait cette philosophie. On vivait au-dessus de nos moyens. Pendant 18 ans, j'ai tenu tant bien que mal les cordons de la bourse. En vain. Il aurait dû protéger son foyer, et au lieu de cela, il a amené les huissiers à notre porte. Il nous a même offert un mois de vacances au Canada, sans me dire qu'il était criblé de dettes.

Te souviens-tu ? Je suis en train de préparer le dîner, pendant que tu me lis la liste du matériel qu'on vous demande pour ta semaine de championnat à Montréal. À l'époque, le patin à glace était toute ta vie. Je grimace quand j'entends parler d'une nouvelle paire de patins à acheter. François rentre à ce moment-là, tout excité. Il appelle Lucas et attend que nous soyons tous réunis pour nous annoncer, avec un air de magicien, que nous partons tous te soutenir à Montréal. Nous en profiterons pour visiter la région des grands lacs américains en camping-car. Toi et Lucas, vous sautez de joie, bien sûr, tandis que je m'inquiète :

« Tu es sûr qu'on peut se le permettre ? »

Il me regarde avec un air condescendant, et me répond :

« Bien sûr qu'on peut. Pourquoi on ne pourrait pas ? Notre fille est une championne, on ne va pas s'empêcher d'aller la voir gagner. »

À notre retour, une lettre de la banque nous attendait. Ça a été le début du surendettement. François se donnait des airs de maison solide, mais les murs étaient en papier. C'est la raison principale pour laquelle notre couple a explosé : je ne me sentais plus en sécurité, et c'est dans ce contexte que j'ai eu un amant pour la première fois de ma vie. Pierre était plus stable, plus rassurant. Il était l'antithèse de François. Notre relation adultère a servi uniquement à me faire prendre conscience que je n'avais plus confiance en mon mari. Depuis ma séparation d'avec ton père, je me méfie des rêveurs et des hommes qui sont encore des enfants.

En attendant, j'étais la seule à me méfier de Gaspard. Thomas, ton grand-père et tout le Mistral étaient séduits par sa gaieté et sa légèreté. J'enrageais d'être la seule à le trouver antipathique, j'avais l'impression d'être une vieille rombière, une de ces belles-mères aigries que je m'étais juré de ne jamais être. J'étais indéniablement du côté des râleurs et des matérialistes, celui de Vincent Chaumette et de tous les cyniques de son espèce que Gaspard s'amusait à provoquer et à ridiculiser.

Cela te rendait triste. La complicité est plus fragile qu'on ne le croit entre deux personnes, même très proches, et elle peut disparaître très vite. On ne se parlait plus comme avant, et nos petits-déjeuners, moments privilégiés de discussion, étaient désormais tendus, même quand Gaspard n'était pas là. Quelque chose avait déjà commencé à nous séparer, et le fossé s'agrandissait.

Qu'est-ce qui fait qu'imperceptiblement, la relation d'une mère et d'une fille se distend ? Ça commence le jour où sa petite fille chérie va au collège et ne raconte plus les menus détails de sa journée. Ensuite, elle va au lycée et nous interdit de poser des questions sur ses nouveaux amis. Elle nous fait comprendre que ça ne nous regarde plus, qu'on ne pourrait pas comprendre de toute façon. Quand elle consent à lâcher quelques détails, c'est parce qu'elle a pitié, et qu'elle veut nous donner l'illusion que notre avis compte encore. Sa vie de femme commence, et elle a besoin de la dissocier de celle de sa mère pour exister. Besoin de se différencier, de faire des choix que sa mère, justement, n'aurait pas faits, voire réprouverait. Comme choisir un homme qui lui déplaise, et qui soit tout le contraire du gendre qu'elle attendait.

Que je n'aime pas Gaspard était donc un épisode *classique* du scénario de ton indépendance. En détestant l'homme que tu aimais, je rentrais dans les travers de la mère possessive, mais je restais dans mon rôle de mère.

C'est en l'aimant que j'en suis sortie.

Jeudi 26 mai

Je relis le réquisitoire contre Gaspard que j'ai écrit hier, et je m'aperçois que j'ai oublié un détail dans la liste de mes reproches. Ce détail est assez révélateur de ce qui se passait vraiment en moi.

Wanda avait d'ailleurs mis le doigt dessus. Un matin, du temps où vous logiez encore ici, elle passe pour emmener Noé chez le médecin. En entrant, elle remarque de suite ma petite mine. Je lui explique que j'ai mal dormi à cause de vos ébats nocturnes de jeunes mariés. Soupirs, sommier qui grince, il faut dire que vous n'étiez pas très discrets !

Elle me répond avec sa sagesse bien personnelle :

« – Il rend ta fille heureuse, tu devrais lui en être reconnaissante.

– Je préférerais qu'il la rende heureuse en silence.

– Ouh, ça sent la frustrée à plein nez ce genre de petit commentaire. Si tu avais une vie sexuelle épanouie, tu ne serais pas aussi hargneuse. »

Je hausse aussitôt les épaules, vexée, en lui demandant de s'abstenir de ce genre de réflexions. Comment ose-t-elle me parler de ma sexualité ? Et puis c'est n'importe quoi, elle est complètement à côté de la plaque, comme toujours avec moi... Elle ne cherche qu'à m'humilier...

Mais, en fin de compte, elle avait raison. Intuitivement, elle avait tout compris. J'étais jalouse de votre bonheur.

Gaspard était un homme dans la pleine force de l'âge. Qui avait du désir, tout comme toi. Voilà surtout ce que je n'aimais pas en lui.

Depuis le départ de Franck, je me sentais vieille et peu désirable. J'avais l'impression qu'on ne me regardait plus dans la rue. Je n'avais plus envie de m'habiller, plus envie de faire attention à mon poids ou de renouveler mon antirides. Une petite voix, à l'intérieur de moi, disait :

Je n'arrive pas à garder les hommes que j'aime. J'élève mon petit garçon seule. Je ne vois mon fils aîné que deux fois par an.

Je suis fatiguée. Je ne comprends plus ce qui me fait avancer.

J'ai perdu l'évidence. C'est quoi l'amour ?

À quoi ça sert de vivre ?

Samedi 28 mai

Aujourd'hui avec Noé, on s'est amusés à faire un petit dessin animé. C'est une collègue de maternelle qui m'en a donné l'idée. On façonne des figurines en pâte à modeler, puis on les photographie dans des positions différentes, en décomposant leur mouvement. On fait défiler ensuite les clichés rapidement les uns à la suite des autres, ce qui donne l'impression que les figurines sont en mouvement. Pour cela, j'ai dû utiliser ton appareil photo numérique. Dedans, il y avait encore des photos de Gaspard et toi. Je n'ai pas osé les effacer, mais j'avoue que j'ai hésité car ça te ferait du mal de tomber dessus par hasard.

Il y avait aussi une photo de Gaspard et Sam. Je me rappelle quand il me l'a présenté comme son meilleur ami, j'y ai vu l'occasion d'en savoir un peu plus. Un ami d'enfance, c'est une mine d'informations. Je l'ai interrogé discrètement sur leurs souvenirs de jeunesse. C'est là que j'ai appris que Sam avait passé 6 mois en prison aux Baumettes. Cette mauvaise fréquentation ne m'a pas rassurée, au contraire, elle a apporté de l'eau à mon moulin : qu'est-ce qui me garantissait que Gaspard n'était pas un voyou lui aussi ? Et s'il n'en était pas encore un, qui pouvait garantir qu'il n'allait pas se laisser entraîner dans des sales histoires pour gagner de l'argent facilement ? Comme par hasard, Sam lui avait donné de l'argent pour son cadeau de mariage ! Et si c'était son premier *salaire* ?

J'étais devenue méfiante depuis qu'une mystérieuse enquêtrice était venue me poser des questions sur Gaspard. Elle avait décliné sa profession de détective privé, mais n'avait pas voulu me dire pour qui elle travaillait. Était-ce une de ses victimes ? Ou un complice qu'il avait trahi ? Avoue que c'était inquiétant. Et si Gaspard était un escroc ?

S'est ensuivie cette scène humiliante. Je suis accroupie devant le sac de Gaspard et je fouille dans ses papiers, à la recherche d'une preuve accablante. J'ai le temps. Vous êtes sortis et vous n'avez pas prévu de rentrer avant une heure. Soudain, j'entends un bruit de clefs dans la porte. C'est vous ! Vite, j'essaie de remettre les affaires dans le sac. Trop tard, vous me surprenez en plein forfait.

« Maman, qu'est-ce que tu fais ? Non mais j'y crois pas ! »

Quelle honte ! Tu es scandalisée, mais Gaspard tâche d'excuser mon geste pour calmer le jeu. D'après lui, c'est normal qu'une mère s'inquiète, et il aurait fait la même chose en tant que père. Il parvient à t'apaiser. Au lieu de le remercier, je me dis en mon for intérieur que c'est un hypocrite qui cherche à garder le beau rôle.

J'aurais dû tenir compte de cet avertissement, mais je ne pouvais pas m'en tenir là. Mon instinct me disait que Gaspard cachait quelque chose... Alors j'ai demandé à Samia de vérifier son casier judiciaire. Bien sûr, j'ai dû batailler contre ses scrupules pour qu'elle accepte.

Thomas, qui était dans la confidence, m'a fait la leçon. Selon lui, je n'avais pas le droit de soupçonner Gaspard sans preuves :

« Où sont tes grands principes de femme de gauche ? La tolérance, l'ouverture, la générosité ? Tu en as fait quoi ? »

Il avait raison, mais que deviennent les principes face à la méfiance ? Face à l'insupportable soupçon ? Face à la peur ?

Il y a encore un an, je n'aurais pas été si suspicieuse, mais ce qui s'est passé avec Franck m'a appris à me méfier. J'ai vécu quatre ans avec un homme qui me mentait. As-tu déjà imaginé le choc quand j'ai découvert qu'il n'avait jamais été électricien mais qu'il travaillait pour la DST ? Tous ces mensonges patiemment construits ! Quand j'y repense, j'en frémis. Il ne partait pas travailler sur des chantiers comme il le prétendait, mais en mission secrète au Maroc, au Yémen, en Afghanistan. Il tuait des hommes, des femmes.

C'était son métier, et je l'ignorais. Surtout, il nous mettait indirectement en danger, toi, Noé et moi.

Je dormais avec lui, je faisais l'amour avec lui, on a même fait un enfant ensemble. Il me disait qu'il m'aimait, je lui faisais confiance. Tout le monde lui faisait confiance, et le trouvait sympathique, franc et simple. En apprenant la vérité, il s'est passé quelque chose d'étrange. Je ne l'ai plus reconnu. Au sens propre. Je veux dire *physiquement*. Je ne reconnaissais plus les traits de son visage. Je cherchais ses yeux, son sourire, mais je ne les retrouvais pas. Il était devenu un inconnu.

Je n'ai pas eu la force de lui pardonner. Pourtant, Franck était un héros, il avait sauvé des centaines d'innocents. Il m'a demandé pardon à genoux, il m'a dit qu'il m'aimait, et c'était vrai. Mais je ne pouvais pas. Je savais que plus jamais je ne pourrais lui faire confiance. Ni à lui, ni à personne d'autre.

Je ne me cherche pas des excuses, mais je voudrais que tu comprennes que je voulais seulement t'éviter la même désillusion avec Gaspard. Alors, quand Samia m'a appris qu'il était recherché par Interpol, et qu'il avait été placé en garde à vue, je me suis sentie confortée dans mes soupçons. Pour ma défense, même la police y a cru. Personne ne pouvait se douter que le chef d'inculpation outre-Atlantique se résumait à un simple bris de miroir avec outrage à magistrat.

Même si tout s'est bien terminé et que la police a présenté ses excuses à Gaspard, j'avais conscience d'être allée trop loin. J'avais contribué à envoyer injustement ton mari en prison. À tes yeux, ce que je faisais contre lui, je le faisais contre toi. Sous l'effet de la colère, tu m'as dit que tu ne me pardonnerais jamais.

Cette colère-là, je l'ai bien supportée. J'étais une mère intrusive et je m'étais trompée, mais je l'avais fait pour ton bien. J'avais ma conscience pour moi.

Quand, plus tard, tu as employé les mêmes mots dans d'autres circonstances, je me suis effondrée. Car, cette fois, je n'avais pas d'excuses.

Dimanche 29 mai

Aujourd'hui, Noé m'a offert un cadre en pâte à modeler durcie avec des grosses perles incrustées pour la fête des mères.

« C'est pour mettre une photo de toi, maman. »

Je lui ai demandé s'il ne voulait pas que je mette une autre photo. Il a insisté, tu sais, avec son air sérieux qui ne souffre aucune contradiction :

« Non, c'est un cadre pour les mamans. »

Comment lui dire que je ne peux plus voir ma tête, et que je ne mérite plus d'occuper cette place d'honneur ? Que je n'en suis plus digne ? Jusqu'ici, la fête des mères était la fête que je préférais. François se moquait toujours quand je pleurais devant les poteries informes ou les petits-déjeuners immangeables que tu nous apportais au lit avec ton frère pour l'occasion. Il ne pouvait pas comprendre.

Quand tu étais petite, j'ai souvent eu droit à des cadeaux surprenants. Je me souviens d'un en particulier. Tu avais 14 ans, et tu m'as offert un ensemble de lingerie très osée. Rouge écarlate ! Et le string était minuscule. Il manquait au moins deux tailles. Je ne l'ai jamais porté. C'était maladroit, mais tellement touchant. Ainsi, pour toi, j'étais une femme désirable, comme dans les publicités. J'étais encore un modèle.

J'ai terriblement souffert, gamine, de ne pouvoir souhaiter la fête des mères. Comme tu le sais, Wanda n'était jamais là, toujours en tournée à travers le monde, et j'étais la dernière de ses préoccupations. À peine se rappelait-elle, entre deux spectacles, ou deux amants, qu'elle avait une fille. J'avais de la chance quand je parvenais à l'avoir au bout du fil. Mon père me rassurait du mieux qu'il pouvait arguant le décalage horaire ou la difficulté des communications avec l'étranger. Pauvre papa ! Il a toujours cherché à l'excuser.

Une fois, je devais avoir dix ans, elle était là, exceptionnellement, le dernier dimanche de mai. Bien sûr, la fête des mères était le cadet de ses soucis, et elle avait été surprise que je vienne la réveiller.

« Tu le fais exprès ? Quand comprendras-tu que j'ai besoin de me reposer quand je rentre de tournée ? »

Elle s'est levée et a refermé la porte. Plus tard, dans la journée, je lui ai offert mon cadeau. C'étaient des petits chaussons chinois, très légers pour qu'elle puisse les emmener avec elle dans ses tournées. Elle voulait se faire pardonner sa mauvaise humeur du matin, et a fait mine de s'extasier en jurant qu'elle ne les quitterait pas. Mais le lendemain de son départ, j'ai retrouvé les chaussons. Elle les avait laissés.

Six ans plus tard, elle m'a à nouveau reproché de l'avoir réveillée. Mais cette fois, c'est moi qui ne lui ai jamais pardonné. Je l'ai appelée en pleine nuit à l'autre bout du monde :

« Tu as vu l'heure ? Tu sais qu'on a douze heures de décalage ?

– C'est papa, il est mort. »

– Et bien appelle l'hôpital. Moi je ne peux rien faire d'ici. Je te rappelle en me levant. »

J'avais 16 ans, et j'accompagnais toute seule depuis des mois mon père dans sa terrible maladie.

Pourquoi je te raconte à nouveau toute cette histoire ? Peut-être parce que j'aimerais que tu comprennes pourquoi j'ai toujours fait passer mes enfants et ma famille avant tout. Pourquoi j'ai parfois été une mère intrusive et surprotectrice. Une mère prête à envoyer son gendre en prison pour être sûre qu'il ne fasse pas de mal à sa fille.

Bien sûr, aujourd'hui, à l'aune des événements, mes propos peuvent paraître cyniques. Pourtant, c'est la vérité. J'ai toujours voulu être une mère présente, une mère aimante, une mère sur laquelle on pouvait compter. Je voulais être le contraire de Wanda, qui avait toujours privilégié ses amants à sa fille.

Avant de vous avoir, j'avais peur d'avoir hérité de son manque d'instinct maternel. J'étais tellement angoissée que j'ai dû attendre trois ans avant de tomber enceinte. Quand j'ai appris la nouvelle, les pleurs m'ont submergée, et ce n'étaient pas des larmes de joie, mais des larmes d'angoisse. Puis Lucas est né. J'ai aimé allaiter, j'ai aimé cette relation. J'en avais besoin.

J'ai manqué d'amour maternel au moment même où j'en avais le plus besoin. Je ne me suis jamais sentie aimée, et Wanda a beau essayer de se rattraper aujourd'hui – à sa façon –, le mal est fait. Elle est réapparue dans ma vie comme une fleur, il y a deux ans, en prétendant vouloir rattraper le temps perdu. Avec vous, ses petits-enfants, c'est possible, mais avec moi, c'est trop tard. Il y a un vide tout au fond de moi, qui me fait sans cesse douter de moi, de mon intelligence, de mon charme, de ma capacité à rendre les gens heureux, et à être aimée.

En écrivant, je contemple la photo de Wanda et moi que j'ai placée dans le cadre de Noé. Je lui ai dit que puisque c'était un cadre pour les mamans, Wanda y avait aussi sa place. Quand je nous vois, toutes les deux, côte à côte, je me demande qui est la plus mauvaise mère ?

Qu'est-ce qui est préférable ? Une mère qui n'a pas su apporter assez d'amour à son enfant, ou une mère qui en a donné beaucoup et qui reprend tout dans un acte destructeur ?

Je te laisse y réfléchir, ma Johanna.

Lundi 30 mai

Il est tard. Noé vient juste de s'endormir. On a passé une heure à chercher son ours en peluche jaune, celui que Gaspard lui avait offert... Je ne sais pour quelle raison, il s'est attaché à cet ours et ne veut plus dormir sans lui.

Cela me ramène à mon récit, au point où je l'ai laissé avant de faire cette digression sur Wanda.

Après la libération de Gaspard, je me suis aperçue que j'étais allée trop loin et que je l'avais mal jugé. C'est lui, dans un esprit d'apaisement, qui t'a conseillé d'accepter mes excuses et de revenir vivre chez nous. Sa douceur et sa diplomatie m'ont touchée : en t'incitant à me pardonner, il prouvait qu'il ne voulait pas t'éloigner de moi et qu'il respectait notre famille.

Mon regard sur lui a vraiment commencé à changer quand je l'ai surpris un soir, en revenant de cours, en train de raconter une histoire à Noé. Elle parlait d'un cheval royal à qui l'on avait par erreur donné des glands à la place de l'avoine. Résultat : des pattes de cochon lui avaient poussé. Gaspard était si concentré, si généreux dans sa façon de mettre le ton qu'il fallait, que j'ai vu que son âme était bonne.

Imperceptiblement, un certain respect s'est installé entre nous. C'est à moi qu'il a avoué qu'il avait revu son père, alors qu'il nous avait dit qu'il était orphelin de père et de mère. Il m'a avoué que Michel Espira avait été un père autoritaire, qu'il le tenait pour responsable du suicide de sa mère, et qu'il avait décidé de le renier à sa majorité.

Tu as été profondément blessée d'apprendre qu'il avait préféré se confier à moi plutôt qu'à toi. Sous l'effet de la colère, tu m'as dit, je m'en rappelle très bien :

« C'est un vrai miracle tous les deux. Au début de la semaine, tu l'envoies en garde à vue et aujourd'hui il te fait des confidences. »

Et puis tu es sortie en ajoutant :

« Vous avez certainement encore beaucoup de choses à vous dire. »

Sur le moment, j'ai pris ce reproche pour une réaction de petite fille immature. J'aurais dû comprendre que cette complicité te dérangeait et qu'elle pouvait nous emmener sur des terrains glissants. Mais à l'époque, je crois que j'étais surtout flattée par cette complicité. Moi qui m'étais sentie exclue de votre vie, je revenais au premier plan. Après avoir joué le rôle de la méchante belle-mère, je devenais une confidente, une bonne fée indispensable.

La mort de son père nous a rapprochés encore.

Lorsque Michel Espira est décédé brutalement d'une crise cardiaque, Gaspard a eu beaucoup de mal à faire son deuil. Il culpabilisait de ne pas avoir cru son père qui se disait gravement malade. Pour toi, Gaspard ne devait pas s'en vouloir d'avoir refusé la main tendue d'un père aussi détestable. Pourtant, malgré tout le mal qu'il en avait dit, il avait longtemps rêvé de cette réconciliation désormais impossible.

J'avais alors compris ce que tu n'avais peut-être pas su ou pas voulu voir à ce moment-là. Je savais bien que ce n'était pas si facile de tirer un trait sur ses parents, et que l'amour que nous n'avons pas reçu nous attache davantage à eux. Même si, dans mon cas, c'était ma mère qui était partie sans me donner de nouvelles, j'avais connu le même type de relation conflictuelle. Avec Gaspard, nous avions un terrain en commun : la même souffrance.

Je lui ai fait comprendre que si son père l'avait mal aimé, il l'avait aimé quand même, et qu'il avait le droit d'avoir du chagrin. Quand il m'a demandé comment il allait pouvoir vivre avec le poids de cet amour manqué et de cette réconciliation ratée, je lui ai confié que moi aussi, des cailloux dans ma chaussure m'empêchaient de me sentir légère. Je pensais à mon divorce, à Lucas que je ne voyais jamais, à l'échec avec Franck, et à Noé qui vivait sans son père.

Tandis que nous nous rapprochions, l'écart se creusait entre vous. Gaspard était parfois sombre, parfois exalté, et il s'était mis à boire. Quand tu voulais le consoler, il refusait ta sollicitude, sous prétexte que tu ne le comprenais pas. Je souffrais qu'il refuse de se livrer à toi. C'était injuste de sa part.

Avec du recul, je pense comprendre pourquoi il t'excluait de son chagrin. C'est toi qui l'as encouragé à rejeter son père lorsque celui-ci l'a supplié de rejoindre l'entreprise familiale. Porté par ta jeunesse et ton intransigeance, il a eu la force de rayer son père de sa vie, comme on claque la porte de chez soi à 18 ans. En toi, Gaspard avait aimé cette pureté et cette confiance en l'avenir.

C'est avec toi qu'il s'était rendu à cette réunion qui devait assurer la survie de leur grande entreprise de construction navale.

C'est avec toi qu'il s'était présenté en tenue de clown et avait coupé la cravate des banquiers.

Avec toi qu'il avait humilié son père, ce qui avait, pensait-il, peut-être participé à sa crise cardiaque quelques jours plus tard.

Inconsciemment, il t'en voulait, et il se rapprochait de moi, qui lui avais toujours suggéré d'être plus conciliant.

Inversement, il était séduit par ma maturité. Il avait besoin de quelqu'un de plus mûr pour grandir. Pourquoi ne l'ai-je pas compris et n'ai-je pas pris mes distances plus tôt ? Au fond de moi, là où se tapissent les sentiments inavouables, je crois que je m'en rendais compte, pire, que je m'en réjouissais.

J'étais même touchée de cette *préférence*.

Tout aurait pu en rester là. Vous vous apprêtiez à quitter Marseille. Gaspard, décidé à fuir le fantôme de son père, avait pris la décision de vendre l'entreprise familiale et, avec l'héritage, de partir autour du monde, en guise de voyage de noces.

En prévision de ce départ, il a distribué des cadeaux d'adieu à ses nouveaux amis mistraliens. J'ai reçu une orchidée blanche.

Thomas s'est étonné du symbole, il soutenait que cette fleur voulait dire *perfection*. J'ai prétendu que ce n'était qu'une gentille attention d'un gendre envers sa belle-mère. Qu'allait-il imaginer ? Que voulait-il me faire dire ? Sa remarque m'avait contrariée, mais au fond, j'étais flattée que cela puisse être vrai.

Enfin, il y a eu cette valse, que nous avons esquissée dans le salon, le jour où j'ai proposé de refaire l'ourlet de son costume, pour votre fête de mariage. J'ai été troublée d'être agenouillée à ses pieds. Je n'arrivais pas à me concentrer sur mon aiguille. Il n'a rien remarqué et m'a demandé de lui apprendre à danser en vue de votre petite cérémonie. J'ai ressenti de la gêne à être dans ses bras. La peur de rougir. Heureusement, il ne s'en est pas aperçu.

Mardi 31 mai

Ce matin, en classe, on a étudié le conte de Blanche-Neige avec mes élèves de CE1. Tu te souviens quand sa mère, douce et aimante, meurt? Blanche-Neige est alors prise en charge par sa méchante belle-mère. D'après les psychanalystes, les marâtres, dans les contes, seraient la figure symbolique de la mère qui devient la rivale de sa fille.

Tu vois où je veux en venir, ma Johanna? On a toutes une marâtre en nous, prête à faire assassiner sa fille par un chasseur ou à lui faire manger des pommes empoisonnées... Voilà l'illustration, à travers les siècles, de la rivalité mère-fille.

Quand tu es rentrée des États-Unis au bras de ton mari, je t'ai expliqué que je m'étais sentie exclue, mais il y avait une autre raison, bien plus profonde et bien plus dure à admettre. C'est la jalousie.

En discutant avec ma psy, j'ai compris que je n'étais pas jalouse de la relation que tu entretenais avec Gaspard, mais de *toi*. Jalouse de ma propre fille. D'après Mme K., cette jalousie est tout à fait normale. On magnifie toujours l'amour maternel, mais on oublie de parler de la rivalité naturelle qui en découle. Quand la fille devient une femme, qu'elle fonde une famille pour devenir mère à son tour, la mère toute puissante est détrônée, et doit laisser la place à la femme nouvelle, jeune et belle.

En m'annonçant que tu étais mariée, tu prenais symboliquement ma place. Tu allais certainement fonder une famille, et être mère à ton tour. On me forçait à prendre la place de la belle-mère et de la future grand-mère. J'étais reléguée au second plan.

Difficile de s'entendre dire qu'on vieillit.

Difficile surtout lorsqu'on traverse un désert sentimental comme c'était le cas pour moi depuis le départ de Franck.

Thomas, encore une fois, avait touché le problème du doigt. C'était peu de temps après nous avoir fait part de votre envie d'entériner officiellement votre mariage américain. Je brossais un tableau plein d'admiration de mon gendre, et il m'a lancé :

« On dirait que c'est toi qui vas te marier avec lui ! »

Mercredi 1er juin

C'est ton anniversaire, ma Johanna. Et je dois te remercier : grâce à toi, c'est aussi l'anniversaire du plus beau jour de ma vie. Il est tard et je souhaiterais que ce jour ne se termine jamais parce qu'il me permet de me souvenir d'une époque où nous étions dans une fusion absolue. Je te vois : un bébé rose qui cherche avidement mon sein. Je te sens : tes petits poings serrés sur ma peau. Et je me vois aussi : épuisée, mais inondée de bonheur lorsque la sage-femme t'a mise dans mes bras.

Pour mon deuxième accouchement, j'avais choisi de ne pas connaître le sexe de mon enfant avant la naissance. Quand j'ai su que tu étais une fille, mon cœur a explosé. J'allais donc avoir une fille... mais aussi une amie. Tu me confierais tes joies, je te parlerais de mes émois d'adolescente, tu me parlerais de tes premiers chagrins, et je te confierais ceux qui avaient été les miens. J'avais enfin l'occasion de rattraper tout ce que n'avait pas su faire ma mère, l'éternelle absente.

Pourtant, le jour de ta naissance a bien failli tourner au drame. Lorsque j'ai perdu les eaux, ton père était absent. Il devait rentrer tôt, et j'ai essayé vainement de le joindre. J'ai eu le temps de confier Lucas à Roland, qui a chargé un taxi de m'amener de toute urgence à la maternité. Après trois heures de contractions, François n'était toujours pas là. Je pleurais si fort que la sage-femme m'a injecté de la morphine pour diminuer la douleur. Elle ne s'est pas doutée que je gémissais à cause de l'inconséquence de ton père, et non de la souffrance physique...

L'accouchement a été long et laborieux. Tu refusais de sortir et il a fallu utiliser le forceps. Quand tu es enfin apparue, tu dormais, épuisée par l'épreuve. En voyant ton petit visage de clown, j'ai ri et j'en ai oublié la douleur.

Lorsque ton père est enfin arrivé et qu'il est venu me rejoindre dans ma chambre, j'étais une autre femme. Plus forte, moins dépendante. Désormais, je t'avais, et ta présence décuplait mes forces. À partir de ce moment, j'ai su accepter les défauts de ton père, les épreuves de notre couple, et les supporter en me ressourçant auprès de mes deux enfants.

Alors, en ce jour, un seul mot me vient à la bouche : merci, merci d'être toi, merci d'exister. Et, malgré tout ce qui nous sépare, joyeux anniversaire.

Vendredi 3 juin

Plus mon récit progresse, et plus je me rapproche des instants les plus honteux de ma vie, ceux qui ont réveillé la méchante marâtre qui sommeillait en moi. Hier, je n'ai pas eu le courage d'allumer mon ordinateur. J'ai été tentée aujourd'hui de faire pareil, mais je dois me forcer à continuer, car j'ai promis de tout te dire.

Il est temps que je te parle de notre premier baiser.

C'est la veille de votre fête de mariage, qui doit montrer à tous vos proches que vous êtes heureux. Ce soir-là, Gaspard a passé la soirée à boire pendant que tu enterres ta vie de jeune fille avec Estelle et Victoire.

Il est presque minuit quand il rentre, ivre. Cette scène est restée gravée dans ma mémoire.

Je suis en train de lire. Je le vois entrer dans l'appartement, désemparé, et je pose mon livre pour l'inviter à se confier. Il vient s'asseoir près de moi, sur le canapé, et me dit, en se prenant la tête entre les mains :

« C'est impossible de se foutre de son père. Il est tout le temps là, dans un coin de ma tête à me hanter. »

Il se tait, au bord des larmes, visiblement perdu. Son désarroi m'émeut au plus haut point, et j'aimerais le consoler comme un enfant, l'entourer de mes bras. Je n'en fais rien, et lui réponds avec douceur qu'il faut être patient, se concentrer sur les choses positives de la vie.

« Vous êtes la seule chose positive de ma vie. »

Voilà ce qu'il me répond. Moi, la seule chose positive de sa vie ? Je suis atterrée, et surtout, affreusement gênée, mais je finis par mettre ces mots sur le compte de son chagrin. Pourtant il continue :

« Vous êtes la seule qui savez. Tout ce que vous me dites me fait du bien. Vous êtes sensible, vous captez ce qui me ronge. »

Il me regarde droit dans les yeux. Sa voix vibre, triste et brûlante. Alors, mon esprit se trouble, mon cœur bondit. J'explique en bafouillant qu'il se trompe, qu'il confond mon expérience avec ma sensibilité.

« Ça ne vous fait pas plaisir ce que je vous dis ? »

Cette question finit de me désarçonner complètement. Je devrais dire « non », me lever, rompre le charme, mais je ne sais pas mentir et je réponds : « si ». C'est comme si j'avais répondu : « Moi aussi vous m'attirez. Moi aussi, avec vous, je me sens bien. Moi aussi je vous désire. »

Mon silence l'encourage. Il s'approche pour m'embrasser. Je le repousse, il insiste, je me laisse faire. Je cède. L'espace d'un instant.

Non, c'est impossible ! Vite, je reprends mes esprits, et je m'écarte. Je lui dis que c'est n'importe quoi. Il éclate en sanglots et s'effondre en répétant plusieurs fois qu'il est désolé. Je lui conseille de dormir. Il m'écoute et s'allonge tout habillé sur le canapé. Moi, de mon côté, je file dans ma chambre.

Tu es rentrée une heure plus tard. Vous avez échangé quelques mots et vous vous êtes vite couchés.

Je n'arrivais pas à trouver le sommeil. Je culpabilisais. Comment en étions-nous arrivés là ? La situation était grotesque. Ce n'était rien de moins qu'un affreux malentendu. Gaspard n'était pas dans son état normal, il était ivre. Il avait donc des excuses. Mais moi ? J'avais toute ma tête et je m'étais laissée embrasser...

Je me rassurais en me disant que c'était le malheur qui nous avait réunis, Gaspard et moi. J'avais été émue par sa tristesse, qui me rappelait la souffrance que j'avais éprouvée bien plus jeune à cause de ma mère. Cette étreinte n'était qu'une façon de panser nos plaies ensemble. L'amour, et même le désir, n'avaient rien à voir avec ça. Une fois reposé, Gaspard allait lui aussi en convenir. Ce qui s'était passé ce soir était un accident, et nous étions assez adultes pour le reconnaître, et oublier. Il suffirait d'en parler le lendemain pour évacuer le malaise.

Ces considérations me permirent de trouver le sommeil.

Il se fait tard, ma Johanna. J'ai du mal à garder les yeux ouverts et je dois me lever tôt demain pour emmener Noé voir Franck. Il est descendu à Marseille pour le week-end, et il aimerait profiter de son fils le plus tôt possible. Je continuerai demain.

Dimanche 5 juin

Je profite d'être seule à l'appartement, sans Noé, pour écrire et me replonger dans cette époque trouble. Cela demande de la concentration. Je vais essayer de décrire le plus précisément possible ce qui s'est passé le lendemain de notre si pathétique baiser.

Au petit-déjeuner, je tente de parler à Gaspard. Il ne comprend pas de quoi je parle, et pour cause, il a tout oublié ! Il se rappelle seulement être rentré ivre. Sur le moment, je pense qu'il refuse d'aborder frontalement le sujet. Le quiproquo qui s'ensuit pourrait paraître cocasse si cette histoire n'était pas si triste. Imagine le dialogue de sourds :

« Gaspard, il faudrait qu'on parle de ce qui s'est passé hier soir.

– Je sais, c'était n'importe quoi. Je suis vraiment désolé.

– Ça n'aurait pas dû arriver.

– C'est pas mon genre de partir en torche comme ça. Mais j'étais pas bien.

– Il ne faut pas que ça se reproduise.

– En même temps, ça arrive. Personne n'est à l'abri de ce genre de chose. »

Le soir, c'est votre fête de mariage. Tout le monde s'amuse au café. Gaspard semble joyeux. Il veut m'inviter à danser. Je suis un peu choquée qu'il me propose une danse après l'incident de la veille et je refuse en prétextant un coup de fatigue. Le quiproquo continue :

« Je vous crois pas. Vous m'en voulez toujours à cause d'hier soir, c'est ça ?

– Ce n'est pas la peine de parler de ça.

– J'ai rien fait de particulier, j'étais bourré.

Comme il voyait que j'étais contrariée, il a ajouté en toute innocence

– J'ai fait quelque chose qui vous a choquée ? »

C'est là que j'ai vraiment compris qu'il ne se souvenait de rien. Quel soulagement ! En même temps, si je veux être vraiment honnête, je crois avoir ressenti une pointe de déception. S'il avait oublié ce qui s'était passé, c'est que notre baiser n'avait compté pour rien, qu'il n'était pour lui qu'une péripétie d'ivrogne.

Les jours suivants ont été déstabilisants. J'étais la seule à savoir, tandis qu'il continuait de me côtoyer sans aucune gêne. Je trouvais des excuses pour ne pas me retrouver seule avec lui, ne pas le voir en caleçon, ne pas avoir à lui parler. Je ne sais pas si j'avais du désir pour lui, mais l'idée d'en avoir me mortifiait et, paradoxalement, nourrissait mon fantasme.

Tu peux comprendre maintenant pourquoi j'étais si contente de vous voir partir pour un an à l'autre bout du monde. Wanda n'en revenait pas de me voir aussi heureuse de faire ta valise. Elle connaît mon côté mère poule.

« Je pensais que tu allais pleurer ta fille pendant des mois et que tu allais nous faire une bonne petite dépression. Soit je te connais pas bien. Soit il se passe quelque chose d'anormal. »

Je lui ai répondu que j'avais tout simplement envie d'être tranquille chez moi. Vu son air dubitatif, elle ne m'avait vraisemblablement pas crue...

Thomas, à qui j'avais raconté l'incident du baiser, essayait gentiment de m'aider à y voir plus clair :

« Tu as besoin que Gaspard soit loin pour éviter de faire une connerie ? »

Je lui ai avoué que j'étais attirée physiquement par lui, que c'était plus fort que moi.

« Tu n'es plus une midinette, tu es capable de contrôler tes pulsions. Ce qui serait grave, ce serait de passer à l'acte, et je pense pas que ça arrivera. »

Quoi qu'il en dise, j'avais hâte que vous partiez et je comptais les heures.

Cette paix programmée a commencé à se fissurer quand Gaspard a décidé de rester à Marseille le temps de s'assurer que la reprise de l'entreprise de son père garantisse le travail de tous les employés. Il se méfiait de son acheteur : Vincent Chaumette, et sur ce point il a eu raison.

Il a proposé d'aller à l'hôtel, le temps de régler les détails de la vente, mais tu as trouvé que c'était plus pratique de rester une semaine de plus. J'ai essayé de cacher ma contrariété du mieux que je pouvais. Bien sûr, je n'avais aucune raison de refuser de vous loger. Comment auriez-vous pu deviner que c'était un supplice pour moi ?

Mercredi 8 juin

Je suis mécontente de ne pas avoir écrit depuis dimanche. Wanda ne m'en a pas laissé le temps.

Lundi, j'ai passé la soirée à déménager ses affaires du *Select* pour l'installer ici. Elle a été virée manu militari par Mirta suite à la découverte d'un sordide trafic au sein de l'hôtel. Tu en as peut-être entendu parler ? De mèche avec Nathan, elle sous-louait à des couples des chambres vides en journée... Il n'y a qu'elle pour se fourrer dans ce genre d'embrouilles, et elle m'étonne toujours par sa capacité à en inventer !

Elle devait venir habiter avec Noé et moi, mais son séjour n'aura duré en tout et pour tout que... deux jours !

Au début, tout s'est bien passé, elle a essayé de mettre son costume de mamie gâteau. Elle était pleine de bonnes intentions, et j'ai même réussi à la faire participer à un atelier pâte à sel avec Noé. J'aurais aimé que tu voies la princesse qu'elle avait modelée ! Un pâté informe avec deux yeux. Wanda avait tenu à mettre des gants en caoutchouc, comme si la pâte à sel allait lui ronger les mains... À l'évidence, elle n'est pas faite pour les travaux pratiques, mais elle faisait des efforts, et je me suis prise à rêver qu'elle joue enfin son rôle de grand-mère...

Je me trompais, une fois de plus. Ce matin, elle m'a annoncé qu'elle devait retourner vivre au *Select* car Mirta la suppliait de revenir l'aider à la réception. Bien sûr c'est une manière de quitter l'appartement, où elle s'ennuie, sans avouer que vivre avec sa fille et son petit-fils est au-dessus de ses capacités. D'ailleurs Mirta m'a confirmé que c'est Wanda qui l'a poussée à la reprendre, et qu'elle a, pour cela, dénoncé Nathan comme l'instigateur du trafic de chambres. Le pauvre a été viré, et Wanda a repris sa place...

Sous le coup de la déception, je lui ai demandé de me parler sans détour. Tu sais ce qu'elle m'a répondu ?

« On va s'encroûter toutes les deux, ça sera bon pour personne. Ma place n'est pas dans ton foyer. Tu ne dois pas reconstruire ta vie avec moi. »

À mon âge, ce ne serait pas sain de vivre avec sa mère et de se raccrocher à son fils. Elle a ajouté que mon avenir n'était pas si sombre que je voulais me le faire croire. Mais de quoi se mêle-t-elle ! Qu'est-ce qu'elle insinue ? Que je me complais dans le malheur ?

Elle a toujours pensé que je me jetais moi-même dans les situations qui me rendaient malheureuse. Quand je lui ai appris mon mariage avec ton père et qu'elle a daigné rencontrer son futur gendre, elle n'a rien trouvé de mieux à me dire que j'avais dégoté le « plus grand bras cassé de Marseille ». Le jour de la cérémonie, elle a osé me chuchoter à l'oreille : « Tu as encore réussi à trouver le moyen d'être malheureuse pour quelques dizaines d'années. »

Elle voudrait que je fasse quoi ? Que j'aille traîner dans les bars pour me trouver un homme ? Je voudrais qu'elle comprenne qu'il n'y a pas de place avant longtemps dans ma vie pour une nouvelle rencontre. Je trouverais cela indécent vis-à-vis de toi.

Je suis trop énervée. Je suis incapable de rassembler mes idées. Je reprendrai demain.

Jeudi 9 juin

Noé dort. Mes cours sont prêts. J'ai un peu temps devant moi pour me replonger dans le passé...

Tu as cru Gaspard quand il t'a dit qu'il reportait votre voyage seulement d'une semaine pour vérifier les conditions de la reprise des chantiers Espira. Lui-même pensait sûrement qu'il n'en avait pas pour plus longtemps. Mais quand il s'est aperçu que Vincent Chaumette avait l'intention de liquider l'entreprise pour mener un projet immobilier sur le port, tu sais, comme moi, face à quel dilemme il s'est retrouvé. Vendre ou essayer de sauver trois cents emplois salariés ? Être libre ou reprendre le fauteuil de P.D.G. de son père ?

En lisant la suite, tu vas me reprocher d'avoir encouragé Gaspard à rester à Marseille pour remettre à flot l'entreprise, et tu auras raison car j'ai certainement agi avec l'espoir inconscient de le retenir. Mais l'enjeu, à l'époque, me paraissait étranger à nos histoires personnelles, puisqu'en dépendait le sort de centaines de familles. Je pensais à ces trois cents emplois, un point c'est tout. J'avais l'impression de retrouver mon âme de militante sociale, de retrouver la ferveur de mon engagement politique d'avant.

Toi, tu craignais que les soucis rongent Gaspard et déstabilisent votre couple. Tu le poussais à vendre l'entreprise comme il en avait toujours eu l'intention. Tu pensais qu'il n'était pas obligé d'assumer cet héritage. Qu'il était destiné à faire son chemin en tant qu'artiste et non en tant que patron. Qu'il perdrait son âme dans ce milieu de requins.

De mon côté, je ne pouvais pas supporter l'idée qu'il se détournait de son devoir. J'ai toujours donné beaucoup de place à mes convictions sociales, et il me paraissait impensable de partir faire le tour du monde sachant que trois cents emplois étaient menacés.

C'est moi qui lui ai conseillé de se méfier de Vincent Chaumette et d'aller voir Céline Frémont pour ajouter une clause empêchant la liquidation de l'entreprise à des fins commerciales.

Toi, parallèlement, tu lui lançais à la figure qu'il n'était pas fait pour être patron. Pour lui, c'était comme si tu lui avais dit qu'il n'était pas le fils de son père, ou qu'il n'était pas encore adulte.

J'ai essayé de te mettre en garde. Rappelle-toi... c'était au petit-déjeuner. Tu t'étais disputée la veille avec Gaspard. Je t'ai dit que tu ne l'empêcherais pas de faire ce qu'il avait décidé, et que tu devrais l'accompagner dans son choix:

«Les choix, on les fait ensemble», voilà ce que tu m'as rétorqué.

Tu refusais d'être une femme de patron cantonnée à la maison et destinée à remonter le moral de son mari. Si tu l'aimais, c'était pourtant ce que tu devais faire. Tu ne devais pas penser qu'à toi, mais au sort de tous ces salariés.

Le ton est monté. Tu étais au bord des larmes. Tu ne comprenais pas que je sois aussi dure avec toi, que je ne sois pas de ton côté, dans ton *camp*.

«La seule chose que je te demande, maman, c'est de pas encourager Gaspard à sauver l'entreprise de son père.»

Pourtant, j'ai fait le contraire. Le soir même, Gaspard est rentré démotivé. Il n'avait pas réussi à convaincre ses employés de faire un effort pour aider l'entreprise à se redresser. Bilal, le délégué syndical, lui avait bien fait comprendre qu'il avait un doute sur ses capacités à diriger.

« C'est Johanna qui a raison. Jouer les patrons n'est pas pour moi. Je me suis ridiculisé auprès du délégué du personnel. Je vais vendre. Ça sert à rien de m'acharner. »

Je lui ai répondu que Bilal se méfiait de son ignorance professionnelle, mais que lui et ses collègues se rendraient vite compte de ses qualités. Qu'il était très intelligent, sensible, et qu'il regardait les gens avec tendresse. Mot pour mot, je lui ai dit :

« Quand on sait regarder les gens comme vous le faites, ils vous donnent le meilleur d'eux-mêmes. Je crois en vous. Et je sais que vous allez y arriver. »

Comment ai-je pu dire ces mots en le regardant dans les yeux ? Sans rougir ? Sans avoir honte ? J'étais en train de séduire mon gendre. Voilà ce qu'il y avait d'immoral dans cette situation.

Il me paraît aujourd'hui évident que j'avais trouvé un terrain d'affrontement inconscient avec toi, et un moyen de me valoriser aux yeux de Gaspard sans être ouvertement dans la séduction. En défendant la responsabilité sociale contre la liberté individuelle, je me montrais aux yeux de Gaspard moins égoïste et plus mature que toi.

L'ascendant que j'ai pris sur Gaspard a eu des conséquences désastreuses sur votre couple. Plus Gaspard assumait son rôle de patron, plus il s'éloignait de toi.

Le symbole du fossé qui s'était creusé entre vous, c'est la bague de fiançailles qu'il t'a demandé de lui rendre pour résorber la dette de son entreprise.

Tu l'as vécu comme une trahison. En exigeant cette bague, il sacrifiait symboliquement votre amour aux intérêts d'Espira. Tu lui as jeté la bague à la figure en l'insultant. La déception et la colère t'ont submergée. Tout le monde aurait réagi de la même façon.

Dire que j'ai osé te reprocher d'être une petite fille gâtée et de ne penser qu'à toi... C'était de la pure mauvaise foi ! Thomas m'avait d'ailleurs rappelée à l'ordre. Selon lui, je te faisais passer pour une épouse égoïste, or, en tant que mère, je devais défendre ma fille au lieu de la critiquer.

C'est ce que j'ai essayé de faire quand Gaspard m'a annoncé qu'il voulait te quitter et prendre une chambre d'hôtel pour lui tout seul. Il était revenu à l'appartement pour faire sa valise.

« Je ne veux plus vivre au jour le jour. Je ne suis plus le clown désinvolte que Johanna a connu à La Nouvelle-Orléans. La mort de mon père m'a obligé à mûrir. »

Prise de panique à l'idée qu'il te quitte, j'allègue que tu es jeune, mais qu'avec le temps, tu finiras par comprendre son choix. Mais il ne veut pas attendre que tu mûrisses, il dit qu'il a besoin qu'on le comprenne *maintenant*. Il prend sa valise, déterminé, et se dirige vers la porte.

Alors, c'est vrai, il va partir ? Je ne peux pas le retenir ? Et si c'était ma faute tout ça ? Qu'est-ce que j'ai fait ?

C'est à ce moment-là que tu es rentrée et que tu t'es excusée de ne pas l'avoir soutenu. Il s'est excusé à son tour et a voulu te rendre la bague, mais tu as refusé.

Tu lui as dit : « Je t'aime. C'est ça qui compte. »

Tu avais raison, ma chérie, c'est bien la seule chose qui comptait ! Ce retournement était la preuve que tu l'aimais. Que de belles choses vous auriez pu faire ensemble s'il avait cru en ton amour, et si je ne m'étais pas interposée entre vous deux !

Dire que le jour d'après...

Vendredi 10 juin

Devine qui j'ai croisé dans la rue, se demandant où il allait dormir après s'être fait jeter du *Select* ? Nathan, bien sûr, victime du coup monté par Wanda pour récupérer sa chambre. Il m'a joué son numéro de petit malheureux qui allait devoir se battre dans la rue pour un matelas infesté de puces. Je lui ai proposé ta chambre pour le dépanner, au moins pour ce soir. Il en a été reconnaissant et a ajouté avec son style inimitable de chien battu :

« Faites rien de spécial pour moi. De l'eau ça ira très bien, et pour la nourriture, les petits pots périmés de Noé. »

Je suis agréablement surprise de le voir jouer avec Noé. Comparé à Wanda, il ne se force pas. Il faut le voir se mettre de la pâte sur les yeux pour faire rire Noé ! Comme il le dit lui-même :

« Je suis en plein trip régressif, mais j'assume. »

Cela fait longtemps qu'il n'y avait pas eu une si bonne ambiance à la maison.

À l'heure où je t'écris, ils sont encore en train de jouer, et les rires que j'entends à travers la porte de la chambre de Noé me donnent du courage pour aborder une des pages les plus dures de ma longue confidence.

Comment une action qui se pare des habits de la meilleure volonté – à savoir, conforter Gaspard dans son destin de patron – peut-elle cacher un désir aussi méprisable que celui de conquérir le mari de sa propre fille ?

C'est pourtant ce qui s'est passé sans que j'en aie vraiment conscience.

Je suis allée moi-même voir Bilal, le délégué syndical, pour le convaincre de faire confiance à son jeune patron. Pour le persuader, je lui ai dit que Gaspard avait revendu ta bague de fiançailles et renoncé à votre voyage de noces. Bilal s'est alors engagé à proposer aux employés d'engager leurs fonds personnels et de devenir actionnaires de l'entreprise Espira.

Gaspard est rentré tard ce soir-là. Il avait décommandé une sortie avec toi, Estelle et Djawad à cause du travail. Il semblait éreinté, j'ai proposé de lui faire réchauffer un plat.

Il m'a remerciée pour mon aide. Il savait que c'était moi qui avais convaincu Bilal de lui faire confiance. Il m'a pris la main avec beaucoup de ferveur :

« Sans vous, j'y serais pas arrivé. Vous êtes la seule à me comprendre, à croire en moi depuis le début... »

La scène m'est restée en mémoire, comme le moment où tout a basculé, irréversiblement.

Je crois qu'à ce moment, je savais ce qui allait se passer.

J'avais redonné confiance à un homme, et cet homme me remerciait. En même temps, cet homme était devenu très attirant. En lui, se mêlaient à la fois la sensibilité et la force. L'artiste-clown et le chef d'entreprise.

Pour résister au trouble qui s'emparait de moi, je suis allée chercher le plat dans le micro-ondes. Il m'a suivie et s'est posté derrière moi. Je n'osais pas bouger. Il m'a caressé les épaules. Il a senti que je tremblais un peu. Je me suis retournée.

Nous nous sommes embrassés passionnément. Je n'ai même pas essayé de résister cette fois. Tu auras certainement du mal à le croire, mais à cette minute, je n'avais pas l'impression de te trahir. Car Gaspard avait changé, ce n'était plus l'artiste bohème que tu avais épousé.

La minute d'après, la raison m'est revenue. Doucement, je me suis dégagée. Il n'a pas cherché à me retenir. Nous n'avons pas échangé un mot, ébranlés par ce qui venait de se passer. Je me rappelle encore de ce silence hors du temps.

J'ai regagné ma chambre, et je n'en suis pas ressortie avant le lendemain.

Dimanche 12 juin

Nathan est décidément une perle. Ce matin, il m'a suppliée de le laisser emmener Noé à la plage. Il avait l'air réellement emballé par cette idée. Je le soupçonne d'essayer de s'attirer mes bonnes grâces pour prolonger son séjour ici, ou d'utiliser Noé pour draguer les femmes sur la plage – c'est connu qu'elles aiment voir les hommes s'occuper des enfants. Mais peu importe après tout, puisque Noé est ravi. Et puis je préfère être seule pour mettre des mots sur ce que j'ai éprouvé après ce deuxième baiser.

Cette fois, il avait été consciemment échangé. On ne pouvait plus le mettre sur le compte de l'ivresse.

Je me suis sentie terriblement coupable. Ce qui m'effrayait le plus, c'est que, sur le moment, je n'avais pas éprouvé de remords. Certes, nous n'étions pas allés plus loin, mais le mal était fait. Quelle mère étais-je ? Étais-je pire que Wanda, qui trompait allègrement mon père ? Elle, au moins, n'avait jamais posé les yeux sur un de mes compagnons… Était-ce cela le vice ? Quel monstre venais-je de réveiller en moi ?

En faisant défiler ma vie, j'ai réalisé que j'avais eu beaucoup d'amants. Pierre, son frère, le réparateur, Gael, et, plus récemment, Sébastien… À chaque fois, une force irrépressible me poussait dans leur bras alors que je savais que je trahissais mon compagnon, et que cette trahison me rendait malade. Il y a en moi un docteur Jeckyl et un Mister Hyde, une femme qui s'abandonne et une femme moralisatrice.

Il était encore temps d'éviter le pire avec Gaspard.

Nous avons notre libre arbitre. C'est à la fois notre liberté et notre responsabilité que de pouvoir dominer ses instincts. On peut toujours résister. Du moins, c'est ce que je pensais à l'époque. Pas Gaspard. Lui refusait de se voiler la face :

« Hier soir, c'était pas un accident. Il se passe quelque chose entre nous. »

Je lui ai répondu que dans tous les cas c'était un acte monstrueux. Il a reconnu que la situation était catastrophique mais qu'il ne servait à rien de le nier, qu'il était trop tard pour faire demi-tour. Il était impossible de le raisonner. J'ai quitté la pièce pour aller en cours.

Dans la journée, il a essayé de m'appeler plusieurs fois. Comme je ne répondais pas, il insistait. J'étais affreusement gênée de laisser sonner devant Wanda. J'ai pris le prétexte d'un parent d'élève importun pour couper court, mais, comme toujours, j'ai eu l'impression qu'elle lisait en moi, qu'elle savait tout.

Pour qu'il arrête d'appeler, j'ai fini par accepter de le voir. J'ai insisté pour que ce soit à l'extérieur. J'espérais que la journée lui ait porté conseil. Au contraire, il m'a dit qu'il m'aimait, que c'était plus fort que lui.

J'ai trouvé la force de ne pas céder. J'ai pensé à toi très fort. Je me suis rappelé ton visage, quand tu as dit à Gaspard :

« On s'aime. C'est ça qui compte. »

Cette image m'a donné la force de lui dire sèchement :

« Je vous donne deux jours pour quitter l'appartement. »

La mère, à ce moment, avait gagné sur l'amante.

Mercredi 15 juin

Je viens d'avoir une longue discussion avec Nathan.

Quand je suis rentrée ce soir, contre toute attente, il était en train de faire sa valise. Guillaume Leserman est passé pour lui dire sa honte que son fils s'incruste chez tous les voisins du quartier. Il s'inquiétait surtout des risques qu'il pouvait faire courir à Noé avec sa maladresse naturelle. Son père l'avait tellement fait culpabiliser que Nathan a décidé de partir de lui-même. Il a eu l'air surpris quand je lui ai dit que sa présence me faisait du bien.

« Vous dites ça parce que vous avez pitié. »

Je lui ai expliqué qu'il m'empêchait de vieillir. Par exemple, la veille au soir, il m'a emmenée manger un kebab sur le port. Je n'en avais jamais mangé auparavant, j'ai trouvé ça très gras et très lourd, mais en fin de compte, j'étais ravie de cette nouvelle expérience. Ce que je veux, c'est éviter de végéter. Ce serait tellement facile de me recroqueviller sur moi-même, entre le travail et Noé.

Thomas m'a fait valoir qu'avec Nathan à la maison, je renonçais à rencontrer quelqu'un. J'en suis bien consciente, mais justement, comme je l'ai déjà dit à Wanda, refaire ma vie avec un homme n'est pas à l'ordre du jour.

Et puis, je suis contente de rendre service. Le logement est un vrai problème pour les jeunes, et si je n'étais pas là, Nathan serait obligé de retourner vivre chez son père. Guillaume est loin d'être un mauvais père, mais Nathan a 20 ans, et il a besoin de s'émanciper. Bien sûr, je prends un risque. Nathan est tête en l'air, et avec lui, le quotidien n'est pas un long fleuve tranquille. Je lui ai expliqué plusieurs fois qu'on ne devait pas tirer de l'eau dans la cuisine pendant que quelqu'un prenait sa douche dans la salle de bains. Eh bien, hier matin, j'ai encore pris une douche glacée avant d'aller travailler ! Même Mirta est venue me dire qu'on ne pouvait compter sur Nathan que pour faire des coups tordus.

Mais je crois qu'il a tiré des leçons du passé, et qu'il a simplement besoin qu'on lui fasse confiance.

C'est étrange de savoir qu'il dort dans ta chambre. Quand tu y logeais avec Gaspard, cette pièce était source d'angoisse. Le matin, je gardais un œil inquiet sur la porte, guettant le moment où elle allait s'ouvrir, priant que ce soit sur toi, et en même temps, espérant que ce soit sur lui. Le plus souvent, c'est Gaspard qui se levait en premier. Il émergeait, en caleçon, avec une parole gentille : « Bonjour Blanche, vous voulez que je vous aide ? »

Nous déjeunions alors tous les deux en goûtant la sérénité du matin. Je me rappelle l'harmonie de nos gestes, de nos déplacements autour de la cérémonie du café. Le silence et les non-dits étaient la langue de notre désir.

Mais après notre baiser coupable, cette proximité n'était plus envisageable. Comme je te l'ai dit, je lui ai demandé de partir, et j'ai été soulagée de vous voir emménager au *Select*. Bien sûr, tu n'as pas compris pourquoi je voulais être seule, et tu as eu l'impression que je vous mettais égoïstement à la porte. Impossible de t'expliquer que je cherchais à préserver ton couple en repoussant la tentation ! Ne plus voir Gaspard au déjeuner, au dîner... le corps de Gaspard, les yeux de Gaspard, le désir et la douceur de Gaspard...

Le *Select* devait être une solution provisoire pour vous, mais très vite, tu as senti que Gaspard ne voulait pas prendre d'appartement et s'engager dans un bail. Il ne se rendait pas aux visites que tu organisais. Tu m'as demandé ce que je pensais de son attitude, je l'ai mise sur le compte de son travail, très stressant, qui l'accaparait entièrement. Mais la vérité, c'est qu'il ne voulait pas s'éloigner de moi… Le *Select* est à deux pas de chez nous. C'est comme si vous aviez déménagé sur le palier d'à côté !

J'ai décidé d'aller le voir à son bureau pour lui dire que je n'étais pas dupe et que je voulais qu'il t'emmène vivre dans un autre quartier.

« À quoi bon ? me dit-il tout à trac. Qu'est-ce que ça changera ? On continuera à penser l'un à l'autre. Même si je m'installais sur la Lune, on continuerait à avoir envie d'être ensemble. »

En disant cela, le voilà qui s'approche de moi. Son corps si près du mien. Le désir qui renaît. Qui n'a jamais cessé. Les stores de son bureau sont baissés. Je recule.

« Qu'est-ce que tu imagines ? Que je vais avoir une aventure avec toi ? »

Ce terme d'*aventure* semble le blesser profondément. C'était de la provocation, une façon de dégrader ce qui se passait entre nous. Il me jure qu'il éprouve de l'amour, du vrai, et non pas du désir. Moi, je fais semblant de ne pas comprendre la différence et d'être outrée qu'il me propose une aventure dégradante. Je quitte son bureau en lui disant, de mon air le plus convaincu :

« Après tout, je me moque que tu restes au Mistral. Tu ne représentes rien pour moi ».

Bien vite, cependant, j'ai réalisé que je n'arriverais pas à tenir ma position. Gaspard se débrouillait pour se trouver sur mon chemin. Il avait besoin de me voir, juste me voir. Il ne me relançait pas, mais sa seule présence avivait mon désir. Son corps m'appelait, ses yeux me suppliaient. Jamais je ne l'ai autant détesté, et jamais je ne l'ai autant désiré.

Je sentais la puissance de notre passion, et elle m'effrayait. Gaspard était devenu une obsession. Son image me hantait. J'ai pensé au tourment de Phèdre, possédée par sa passion incestueuse pour son gendre Hippolyte. Ne trouvant aucun soulagement, elle trompait sa frustration en perçant les feuilles d'un myrte avec une aiguille à cheveux.

« Phèdre malgré soi, perfide, incestueuse. »

Ce vers de Racine me poursuivait. Il fallait que je résiste, que j'évite son destin.

Jeudi 16 juin

Tu ignores tout du stratagème que j'ai mis en place pour éviter de tomber dans les bras de Gaspard. Il a échoué, mais je vais quand même te le raconter, pour que tu ne penses pas que j'ai sauté à pieds joints dans cette tragédie.

J'ai cherché un moyen qui me permettrait à la fois de persuader Gaspard qu'il ne comptait pas pour moi et de canaliser mon désir. J'ai pris mon courage à deux mains et j'ai appelé Sébastien.

Je me suis d'ailleurs demandé si c'était une bonne idée quand je l'ai vu arriver à notre rendez-vous sur le port. Il y avait une telle distance entre nous depuis que nous nous étions quittés. J'ai demandé des nouvelles de Romain du bout des lèvres, tant cette affreuse histoire de meurtre et d'homophobie me glaçait, et me glace encore le sang six mois après. Malgré sa responsabilité dans l'affaire, j'avais conservé pour Sébastien une sympathie qui confinait à la pitié. Il avait tellement mal aimé son neveu qu'on ne pouvait s'empêcher de le plaindre. Nous avions convenu de nous retrouver en ville pour passer la soirée en toute amitié, alors que je poursuivais évidemment le but de me remettre avec lui.

Je me suis maquillée, j'ai mis une jolie robe pour affirmer clairement mes intentions, et après le resto, je l'ai invité à boire un dernier verre chez moi. Comme dans les films.

Nous sommes dans le salon, il est tard. Je propose d'ouvrir la bouteille de whisky qu'on a ramenée d'Écosse. Habituellement, je n'apprécie pas les alcools forts, mais en certaines occasions, ils s'imposent. Sébastien me rappelle notre rencontre à Édimbourg. Je fais mine d'être détendue, mais je suis affreusement nerveuse. Il faut que je joue mon rôle jusqu'au bout, que je lui donne l'impression d'être émue par nos retrouvailles. Il me croit. Nos intentions se précisent. Il me caresse la main...

Je la retire. Je ne peux pas.

Il s'excuse, décontenancé. Il se demande ce que je veux. Est-ce qu'il s'est trompé ? Moment de flottement. Heureusement, son téléphone sonne. Pendant qu'il décroche, je me ressaisis. Il faut que j'aille jusqu'au bout, c'est pour la bonne cause. Je pense à toutes ces Mata Hari ou Dalila qui sont passées avant moi par cette épreuve. Je bois une grande gorgée de whisky pour me donner du courage, et je pense très fort à mon objectif. Il revient vers moi. Je m'approche de lui, tentatrice, et je l'embrasse...

Nous avons fait l'amour. Mon corps était avec Sébastien, mais mon esprit était avec Gaspard et toi. Je ne savais pas qu'il était possible à ce point de dissocier les deux. J'ai feint le plaisir. Il n'y avait rien de mal à cela. J'étais en train de sauver ma famille.

Vendredi 17 juin

Il faut que je te raconte la scène à laquelle j'ai assisté au retour de l'école. En entrant dans l'appartement, je tombe sur Nathan et une dame que je ne connais pas, tous deux agenouillés sur le tapis du salon, en train de passer une éponge sur le canapé comme s'il s'agissait d'une opération chirurgicale à haut risque. La dame, la cinquantaine, l'air sévère, se relève pour se présenter. Mme Dumas, femme de ménage. Nathan l'a appelée pour faire disparaître une tache de pâte à tartiner sur mon canapé blanc. (J'aurais aimé voir la tête de Nathan quand il s'est aperçu du dégât qu'il avait fait à force de se vautrer sur le canapé en jouant avec sa console de jeux!)

Étrangement, elle désigne Nathan comme mon fils. Et puis elle ajoute aussitôt:

«Je vous trouve courageuse, élever deux enfants, faire des séjours réguliers à l'hôpital, je vous tire mon chapeau.»

Je regarde Nathan, stupéfaite. Qu'a-t-il encore inventé? Nathan part alors dans une tirade de comédien dont lui seul est capable. Tout en me faisant signe d'entrer tacitement dans son jeu, il me rappelle qu'il ne faut pas que je me fatigue à ma sortie de l'hôpital...

Quel indécrottable escroc ! Il avait apitoyé cette brave femme pour qu'elle vienne enlever cette tache gratis. *La mère à l'hôpital*, un grand classique !

Je rentre alors dans son jeu, racontant à cette femme que ça n'est pas tous les jours facile mais que j'ai un fils merveilleux pour m'aider.

La dame sort. Nathan attend ma réaction avec anxiété. Je le fais mariner quelques secondes puis je souris. Il est pardonné. Après tout, je l'héberge pour éviter de m'ennuyer. Et là, ça dépasse mes espérances !

La vie peut être drôle, si on sait laisser entrer le rire. C'était d'ailleurs la philosophie de Gaspard, avant que les soucis ne le rattrapent.

En voyant Sébastien sortir de ma chambre, j'imagine que tu as été aussi surprise que moi quand je suis tombée sur cette femme de ménage. Tu es passée récupérer des affaires le lendemain matin de ma soirée. Sébastien était encore là. Tu as été choquée d'apprendre que j'avais renoué avec lui. Sébastien n'avait-il pas montré à la face du monde son homophobie pathologique ? N'avait-il pas culpabilisé son neveu au point d'en faire un criminel et le meurtrier de Florian ? Tu n'imaginais pas qu'il faisait partie d'une stratégie visant à éloigner Gaspard... Au contraire, tu y voyais une explication à mon comportement :

« Maintenant je comprends pourquoi t'étais si pressée de nous virer, avec Gaspard. »

J'aurais voulu organiser ce hasard que je n'aurais pas fait mieux. Il tombait à pic pour officialiser ma nouvelle relation.

Tu as certainement raconté ta découverte à Gaspard. D'ailleurs, pour être certaine qu'il avait reçu le message, j'ai traîné Sébastien au vide-greniers sur la place du Mistral dans l'espoir qu'il nous verrait. Mais mon stratagème a failli échouer. Une fois à l'écart de la foule, Sébastien m'annonce qu'il préfère rompre. Il a remarqué que je ne suis pas naturelle avec lui, et que mon désir est factice. Il regrette que je ne sois pas aussi amoureuse que lui, et préfère qu'on reste amis.

Sa franchise m'émeut, et je m'apprête à reconnaître qu'il a raison...

« Il faut que je te dise... » Soudain Gaspard apparaît. C'est le moment ! Il faut absolument que j'embrasse Sébastien devant lui. Vite, je rassure Sébastien, je lui explique que je traverse une mauvaise passe et que j'ai besoin de lui. Je l'embrasse. Il se laisse faire.

Gaspard, blême, tourne les talons. J'ai réussi !

Plus tard, je le retrouve devant l'entrée de l'immeuble. Il est sens dessus dessous, et semble souffrir terriblement.

« Tu m'interdis de te voir, de vivre à côté de chez toi, et maintenant tu embrasses ce type sous mes yeux. Qu'est-ce que tu fous avec lui ? »

Je lui réponds que j'aime Sébastien et que je veux faire ma vie avec lui.

Il ne veut pas croire que c'est vrai et me prend par le menton :

« Regarde-moi dans les yeux. Tu l'aimes vraiment ? »

Dans son regard, il y a de la colère, mais surtout de la déception et de la peur. J'ai l'impression qu'un « oui » le briserait en deux. Mon cœur me hurle de le rassurer, de le serrer dans mes bras, de lui dire que c'est lui que j'aime… Mais je soutiens son regard et je lui dis que j'aime Sébastien et que je suis sûre qu'il me rendra heureuse.

« Explique-moi alors pourquoi on s'est embrassés, chez toi ? »

Ma réponse a été simple – et banale – : j'avais perdu la tête dans un moment de fatigue. Il n'était rien de plus qu'un petit divertissement dans ma vie.

Il m'a crue.

Samedi 18 juin

Quand je relis ce que j'ai écrit hier, j'ai l'impression de me donner le beau rôle. Des deux traîtres, je suis celle qui a essayé de résister. Je ne voudrais surtout pas que tu penses que j'essaie de rejeter la faute sur Gaspard. Au contraire, la suite a prouvé que les remèdes ont aggravé la maladie, et que mes manœuvres n'ont fait qu'exacerber notre désir.

Sous l'effet de la déception, Gaspard a sombré dans le désespoir et le découragement. C'est du moins, le tableau que m'en a fait Bilal. Gaspard lui avait confié qu'il envisageait de laisser tomber le projet de chantier naval écologique sur lequel ils avaient tout misé pour sauver l'entreprise. Le pauvre délégué syndical me suppliait d'intercéder auprès de lui pour le faire changer d'avis.

Pourquoi suis-je allée voir Gaspard à son bureau ? J'aurais pu lui passer un coup de fil. Ou refuser d'aider Bilal. Ai-je vraiment cru que j'arriverais à le raisonner ? Était-ce à moi de lui parler de l'avenir de son entreprise et des trois cents employés qui comptaient sur lui ? Pouvais-je vraiment ignorer que la seule chose qui pouvait le remotiver, c'était de lui dire que je l'aimais ?

En allant trouver Gaspard, j'ai anéanti en deux minutes les résultats que j'avais obtenus en sortant avec Sébastien. Vraiment, pourquoi suis-je allé voir Gaspard à son bureau, si ce n'est pour céder à mon désir ? Aucun autre motif ne tient.

Une fois dans son bureau, j'ai avancé des arguments décents pour qu'il retrouve le moral. Il devait m'oublier maintenant que j'avais quelqu'un dans ma vie, et penser à son entreprise et à son couple. Je l'ai encouragé à visiter des appartements avec toi. Il a reconnu qu'il faisait tout pour que vous n'en trouviez pas. Le désespoir le rendait désinvolte. Il n'a bientôt plus fait d'effort pour cacher son désir. Il me voulait.

Il s'est approché de moi en me parlant. Je n'ai pas bougé. Il a écarté une mèche de cheveux de mon front. Je lui ai dit qu'il avait tort. Il m'a répondu, dans un soupir, qu'il ne « pouvait pas faire autrement », qu'il avait besoin de moi. J'ai fermé les yeux. Il m'a embrassée. Je me suis laissé faire.

Une force irrésistible nous entraînait, nous ne cherchions pas à la repousser. Nous apercevions le gouffre de malheur qui s'ouvrait devant nous, mais cela ne faisait qu'augmenter notre vertige et notre étourdissement.

Nous sommes tombés ensemble dans l'abîme où le désir et la peur font l'amour, sous la lumière éblouissante de l'interdit.

Nous n'étions plus dans le bureau de Gaspard, nous étions là où la raison n'existe pas.

Tandis que je me rhabillais, le conte de Gaspard tournait dans ma tête : « Des pattes de cochon lui avaient poussé et tout l'ordre du royaume en était chamboulé. » Le monde avait changé, rien ne redeviendrait comme avant. J'avais couché avec mon gendre. J'étais devenue un monstre, comme ce cheval aux pieds de cochon, une mère contre-nature. Gaspard a vu mon immense désarroi et a voulu me rassurer :

« Fais confiance à notre amour, les obstacles, on va les surmonter. »

Son optimisme m'a agacée, je lui ai fait remarquer que j'avais beaucoup plus à perdre que lui. Il m'a pris tendrement dans ses bras et m'a promis qu'on prendrait notre temps pour faire le moins de mal possible autour de nous.

J'ai fait semblant de le croire et je suis sortie. De toute façon, j'étais complètement perdue, incapable de réfléchir. J'ai passé le reste de la journée dans un état second, irréel. En classe, je me suis mise en pilote automatique. Je n'arrivais pas à croire à ce qui m'arrivait. Ce n'était pas Blanche Marci qui avait fait cela. Blanche Marci ne faisait pas passer son désir avant son devoir de mère. Blanche Marci ne se laissait pas diriger par son désir. Pourtant, une force irrésistible me poussait à briser tous les tabous. À tuer la *bonne mère* pour laisser la place à la femme passionnée, prête à tout pour se faire désirer et jouir de ses sens. La vraie fille de Wanda...

Il est tard ma Johanna. Depuis que j'écris ce journal, je vais me coucher avec des questions plein la tête. Je ne sais pas si ça me fait du bien de remuer toute cette boue. Je me dis que tu ne liras certainement jamais ces lignes, et je m'adresse peut-être au fantôme de ma fille.

Dimanche 19 juin

Je me relève doucement de ce que je t'ai écrit hier soir. Je sens qu'il faut que j'aille jusqu'au bout de mon entreprise. Tout raconter. Tout.

Ce que nous avions fait, Gaspard et moi, m'avait mise dans un tel état de culpabilité que je pouvais à peine assurer mes heures en classe. L'ironie du sort a voulu que tu t'aperçoives que j'allais mal. Roland t'a expliqué que je vous avais mis à la porte pour que tu puisses prendre ton envol, mais que je souffrais certainement de voir partir ma petite fille, comme toutes les mamans poules. Cela expliquait aussi à ses yeux mon incartade avec Sébastien. Tu t'es rappelé en effet que tu n'avais pas été très gentille en faisant tes valises. Alors quand je t'ai ouvert la porte, tu m'as planté un gros bouquet de fleurs dans les bras.

« Je ne t'ai pas épargnée depuis que je suis rentrée. Tu as bien fait de nous encourager à partir. Même si je sais que tu en souffres. »

Les larmes me sont montées aux yeux. Tant de gentillesse alors que je venais de te trahir ! Je n'ai pas pu les retenir. Tu as pensé que tu avais touché juste.

« Je suis désolée de pas avoir compris que tu te sentais seule. Excuse-moi. »

La situation était absurde, et tellement cruelle : tu t'excusais alors que c'est moi qui aurais dû me jeter à tes pieds ! Mon cœur a explosé. Je me suis jetée dans tes bras et tu m'as consolée.

Mon secret était trop lourd à porter. Je m'en suis ouvert à Thomas, qui a été catégorique :

« Il faut que tu arrêtes de le voir, définitivement.
– Je vais en parler à Johanna. Je vais tout lui dire et lui demander pardon.
– C'est la dernière chose à faire. Tu vas détruire son couple, la briser et saccager ta vie. Tu es en vacances. Tu pars à Paris, à Lyon, dans un bled paumé, où tu veux, mais tu quittes le quartier. »

J'ai suivi son conseil. C'était justement les vacances de Pâques, je pouvais m'absenter sans trop me faire remarquer. J'ai prétendu partir le jour même pour Majorque, chez une amie institutrice qui était en plein divorce et qui n'avait pas le moral. J'ai demandé à Wanda de garder Noé en urgence. Bien sûr, elle a voulu se défiler, mais je n'étais pas en mesure de supporter son égoïsme. Je me suis mise en colère : elle n'avait jamais rien fait pour moi, elle pouvait bien faire ça ! Surprise par mon agressivité, elle a capitulé en marmonnant que décidément je ne tournais pas très rond. Elle pouvait penser ce qu'elle voulait du moment que ma fuite n'était pas compromise...

Je me revois en train de monter les escaliers de la gare Saint-Charles. Encore quelques marches et je serai sauvée. Soudain, j'entends mon nom. C'est Gaspard ! Wanda lui a certainement appris que je partais. Surtout, ne pas se retourner... Continuer... Fuir pendant qu'il est encore temps.

« Blanche ! »

J'entends ses pas qui se rapprochent, son souffle. Il me rattrape et m'oblige à me retourner. Il me dit, de sa voix douce, sa voix qui ne triche pas :

« Quoi que tu fasses, j'ai pris ma décision. Je vais quitter Johanna. Je peux pas vivre avec une femme que je n'aime plus.

– C'est impossible que tu ne l'aimes plus. Tu ne t'es pas marié avec elle par hasard, tu l'as choisie.

– Non. Aux États-Unis on vivait dans une bulle. On s'est amusés à jouer aux amoureux. C'est toi qui comptes. Je le sais. »

Je ne bouge plus. Il me prend la main, et me pose une question simple, celle que j'évite de me poser depuis tant de jours :

« Est-ce que je compte pour toi ? »

Est-ce que je l'aime ou est-ce que notre relation n'est qu'une aventure destinée à assouvir ma libido ? Est-ce que je l'aime, *lui* ? Sa fragilité, sa douceur, son courage. Nos esprits et nos corps qui s'entendent si bien. Ce mystérieux lien entre nous. Est-ce que je pourrais vivre sans lui, est-ce que je peux le laisser seul ?

Est-ce qu'il compte pour moi ?

« Oui, malheureusement. »

J'ai dit « oui » à l'amour. Comme une jeune mariée. J'allais te perdre et souffrir jusqu'à la fin de ma vie mais je ne pouvais pas le laisser partir.

Gaspard me prend dans ses bras, comblé par cet aveu. Mes dernières défenses lâchent. Je m'abandonne à nouveau à notre amour. Face à la pureté de ce sentiment, on a l'impression que rien de vraiment mauvais ne peut en sortir. De toute façon, je me dis à ce moment-là que notre destin est plus grand que nous. Nous ne pouvons pas lutter.

« Toute ma vie explose. Serre-moi fort. »

Nous avons pris une chambre d'hôtel dans le quartier de la gare. Moi, plus vieille, les cheveux en bataille, le rimmel qui coule, lui, jeune, en costume, sans pardessus. L'homme qui nous a tendu la clef avait l'air de me prendre pour une prostituée sur le retour, une de ces femmes qui permettent à des hommes un peu paumés de retrouver l'illusion de la tendresse d'une maman. Son regard ne m'a pas culpabilisée. Il ne pouvait pas comprendre. Notre relation n'avait pas le côté sordide des aventures furtives, nous étions dans le drame et le tragique, et cela conférait une certaine noblesse à ce que nous vivions.

Dans cette chambre aux vitres sales, nous nous sommes aimés dramatiquement et intensément. Ce fut un voyage de noces crépusculaire. Il y eut le crépuscule du jour, et le crépuscule du matin. Lequel présidait notre amour ?

Tôt le matin, par la fenêtre, j'ai vu le jour se lever, magnifique, sur la mer. Un oiseau s'est posé sur le rebord, tout près de moi, et j'ai pleuré doucement. Gaspard est venu derrière moi et m'a serrée très fort. J'entends encore sa voix douce : « Je te le promets, nous arriverons à être heureux. »

Peut-être... Après tout, pourquoi pas ? Je commençais à croire que c'était possible. Comme l'amour rend naïf ! À deux, nous sommes arrivés à nous persuader que nous pouvions t'éviter une trop grande souffrance en agissant avec mesure. Après tout, vous ne vous connaissiez pas depuis longtemps, votre mariage était une lubie d'adolescents, presque une farce... Avec le temps, tu nous pardonnerais, tu comprendrais...

Gaspard avait même un plan très raisonnable. Il voulait te quitter sans tarder, pour ne pas vivre dans le mensonge. Il me confia que depuis quelque temps, vous vous disputiez sans cesse. Tu ne serais donc pas surprise s'il te demandait de faire un break. Nous nous cacherions aussi longtemps qu'il le faudrait, le temps que tu oublies Gaspard et que tu retrouves quelqu'un. Nous ferions croire ensuite que nous étions tombés amoureux plus tard, en nous fréquentant de loin en loin. La patience était le prix à payer pour ne pas te faire souffrir.

À ce moment-là, j'étais prête à le croire. Je me laissais complètement guider.

Lundi 20 juin

En rentrant de l'école ce soir, j'ai réalisé dans quel chantier nous vivons depuis l'arrivée de Nathan. Il ne rebouche rien, laisse les assiettes sales sur la table du salon et sème ses chaussettes dans tous les coins de la maison. J'ai d'abord eu un moment de découragement, puis j'ai pensé à toute la gaieté qu'il apportait dans ma vie. J'ai donc décidé de recontacter Mme Dumas pour qu'elle s'occupe de notre ménage deux heures par semaine. Elle vient demain. Je suis très fière de mon idée.

Que serais-je en train de faire, en ce moment, si tout s'était passé comme Gaspard l'avait imaginé ? Nous en serions encore à nous cacher dans des hôtels miteux le temps que tu digères ton divorce ? Il aurait fallu que je te mente pendant des mois. Est-ce que notre amour aurait survécu ? Aurais-tu accepté notre relation ?

C'était complètement illusoire mais nous étions persuadés que c'était possible ! Du moins jusqu'au jour où nous avons appris que tu étais enceinte. Ce jour-là, tous nos plans ont volé en éclats. C'est Gaspard qui est venu me l'annoncer sur la plage. J'avais encore ma grosse valise rouge de la veille, telle une voyageuse qui ne sait pas encore pour quel pays elle va embarquer. Une voyageuse entre deux amours : sa fille et son amant. Gaspard me rejoint, l'air sombre et me dit :

« Johanna est enceinte. »

Cette nouvelle change tout pour nous, il ne peut plus rompre avec toi, il ne peut pas te laisser seule avec un enfant. C'est impossible, il le sait, je le sais. Nous n'en parlons même pas. Je ne peux te dire s'il a l'air heureux ou malheureux tant il est perdu. Cette nouvelle le dépasse.

Moi, je prends la nouvelle comme un signe du destin. Tout est contre nous, même la vie. Il ne sert à rien de lutter. Le temps de la séparation a sonné.

Gaspard ne compte pas échapper à sa paternité ni à son rôle de mari. Cependant, la perspective de renoncer aux promesses de notre dernière nuit, dans la chambre d'hôtel, l'accable :

« Comment on va faire ? Comment on va faire quand on se verra, sans pouvoir se toucher ? Quand on se parlera, sans pouvoir s'embrasser ? Comment on résistera ? »

Je ne sais pas quoi répondre...

J'ai alors eu une vision. Un moment de grâce est venu m'inspirer une scène merveilleuse. J'ai vu une petite fille qui traversait la place du Mistral. C'était toi, trait pour trait, à deux ans. Tu avais cette robe à carreaux que j'avais cousue moi-même, et tu courais en agitant une girouette en plastique multicolore. Et puis sa maman l'a rattrapée. Mais cette maman, ce n'était pas moi, mais toi, adulte et radieuse. Tu as ramené l'enfant jusqu'à Gaspard, qui l'a mise sur ses épaules. Tous les trois, vous respiriez le bonheur. Je lui ai dit :

« On sera courageux. Ce bébé sera notre joie dans quelque temps. Quand on le verra courir sur la place du Mistral, tout ça ne sera plus qu'un mauvais souvenir. »

Je dois changer de visage pour accueillir cette grande nouvelle. Il faut feindre. Feindre d'apprendre la nouvelle, d'abord. Feindre de m'en réjouir, ensuite.

Feindre d'être une mère, enfin... et seulement une mère. C'est à cela que je songe dans le taxi qui me ramène chez moi, avec ma valise rouge. J'ai honte. Je ne me reconnais plus dans ces actes. Ma vie, que j'avais bâtie jusque-là sur une certaine idée de la franchise et de l'honnêteté, est devenue en quelques semaines un tissu de mensonges... Je suis au bord de la nausée. Je demande au taxi de m'arrêter plus tôt pour marcher jusque chez moi. Je rêve d'un bain, dans l'idée, vaine, de me purifier, de retrouver mes esprits.

Quand j'ouvre la porte d'entrée, Wanda est sur le canapé. Comment se débrouille-t-elle pour être toujours là au mauvais moment ? Elle m'interroge sur mon retour précipité. Je lui dis que ma copine de Majorque a finalement préféré rester seule. Je sens bien que mon explication ne la convainc pas. Elle me dit qu'elle a remarqué que Gaspard semblait inquiet, la veille, quand il a appris que je partais en vacances. J'ai eu la certitude qu'elle avait deviné notre relation, mais visiblement non... Elle a seulement l'intuition, comme elle le dit, qu'il se passe quelque chose de grave dans ma vie. Elle commence à vouloir me tirer les vers du nez, quand la porte s'ouvre. C'est toi. Tu entres et tu lances d'un ton joyeux :

« Toutes les trois on va bientôt avoir un point commun. Devinez lequel ? »

Je prends sur moi pour répondre, avec un air curieux, que je n'en ai aucune idée...

« Je suis enceinte ! Je vais devenir maman à mon tour ! »

Ces paroles sont restées gravées dans ma mémoire. Ces mots de joie me font plus mal que les autres car l'avenir les a démentis.

Tu sembles déçue par ma réaction, et je fais un effort pour afficher la mine réjouie que tu es en droit d'espérer, mais mon sourire est crispé. Je n'ai jamais su feindre mes sentiments.

Heureusement, je ne suis pas la seule à faire une mine d'enterrement. Wanda semble avoir du mal à se remettre de la nouvelle. Au point que tu finis par lui demander ce qu'elle a.

« Je suis effondrée. Sans aucune préparation, je viens d'apprendre que je vais devenir arrière-grand-mère. Je vous assure que c'est violent. »

Tu ne lui en veux même pas. Au contraire, tu t'en amuses : ta grand-mère, on ne la changera pas ! Et puis, tu sais que derrière ses plaisanteries provocatrices, il y a beaucoup d'amour. Je t'aime d'ailleurs pour cette capacité à relativiser les défauts de ceux que tu aimes. Puis, tu te tournes vers moi :

« Et toi maman, qu'est-ce que ça te fait de devenir grand-mère ? »

J'essaie tant que je peux d'afficher un enthousiasme à la hauteur du tien, ma chérie, et je ne parviens qu'à cette platitude :

« Ça me fait plaisir. »

Wanda ne manque pas de souligner que je n'ai pas l'air d'être plus heureuse qu'elle. Comment le pourrais-je ? Une partie de moi seulement parvient à se réjouir. Je comprends la joie que tu peux ressentir, et l'idée du petit être que tu vas mettre au monde me comble, mais l'autre partie de moi ne peut s'empêcher de penser que le papa est infidèle et qu'il s'apprêtait à rompre avec toi quelques heures plus tôt. Tu reconnais d'ailleurs t'être demandé, suite à tes disputes avec Gaspard, si tu as eu raison de l'épouser. Maintenant, avec cette grossesse, tu n'as plus de doutes... Ce que je ne peux pas te dire, c'est à quel point il vous enferme dans un monde de mensonges et d'illusions. Or tu mérites mieux qu'un mari qui reste par devoir.

Je dois reconnaître aujourd'hui qu'il y avait aussi beaucoup de dépit dans ma réaction. J'étais une vieille maîtresse dont le bonheur était soudain contrarié par un contretemps fatal.

Ma chair était triste, tandis que mon cœur se réjouissait. De ce hiatus naissait mon malaise.

« Ça me fait plaisir », c'est tout ce que j'avais réussi à te dire ! Alors j'ai ajouté, en m'excusant, que j'étais surprise, que je ne m'attendais pas à ce que tu tombes si vite enceinte. Peut-être as-tu pensé que je m'inquiétais pour toi, que mes angoisses de mère protectrice prenaient le dessus ? Que j'avais peur que tu m'abandonnes ? Pour me rassurer, tu m'as dit en souriant que tu allais avoir besoin de moi. Pour les couches, les biberons, le choix du matériel, les livres à lire... Tu étais touchante dans ta façon de m'intégrer à ton bonheur.

Tu t'es approchée et tu t'es serrée contre moi. Le contact de ton corps m'a immédiatement détendue. Je me suis abandonnée à cette tendresse. Tu m'as dit quelque chose comme : « Je suis contente que tu sois encore jeune. Je vais pouvoir vivre ma grossesse avec toi. »

À cet instant j'ai imaginé que c'était possible. J'allais me consacrer à toi pendant neuf mois. À toi uniquement. Te chouchouter, te materner. J'allais tenir à cent pour cent mon rôle de mère. Peut-être était-ce ma façon d'expier mon moment d'égarement ?

Mardi 21 juin

C'est la fête de la musique ce soir. Un drôle de concert se tient sur la place du Mistral, on dirait un mélange de musique manouche et de country. C'est Raphaël Cassagne qui a fait venir les musiciens. Je préfère éviter de participer à ce genre de festivité. Je sais bien que les scandales sont vite remplacés par d'autres, mais je suis toujours mal à l'aise vis-à-vis du voisinage.

Il faut aussi que je te raconte la tête que Nathan a faite quand il a vu arriver Mme Dumas, la femme de ménage. Pour repartir sur des bases saines, j'avais raconté à Mme Dumas les tenants et les aboutissants de sa dernière blague. Nathan, à ses yeux, était donc officiellement un jeune menteur qui l'avait manipulée en l'apitoyant, et je voyais bien qu'elle avait du mal à pardonner ce genre de sornettes.

Nathan, surtout, était très gêné de ne pouvoir participer financièrement à ce nouveau service. Il avait 8 euros en tout et pour tout en poche et voulait me les donner. J'ai refusé, en pensant que c'était toute sa semaine.

Je suis partie à l'école en les laissant tous les deux, pour que Nathan lui fasse visiter la maison et lui explique son fonctionnement.

Quand je suis rentrée tout à l'heure, Nathan m'a montré les notes très détaillées qu'il a prises sur le travail de Mme Dumas. Il m'a soutenu qu'il pouvait désormais effectuer à sa place les deux heures de ménage. C'est sa manière, m'a-t-il dit, de participer à l'entretien de la maison. Que voulais-tu que je réponde à ça ? J'attends de voir Nathan à l'œuvre, même si j'ai quelques appréhensions pour mon intérieur !

Je t'embête avec ces histoires sans intérêt. Je me rends compte que je cherche seulement à retarder le moment de me replonger dans ce passé qui me hante.

À l'annonce de ta grossesse, je n'ai pas pu m'empêcher de faire un parallèle lugubre. Il y a six ans, de la même façon, tu étais tombée amoureuse d'un garçon qui ne t'aimait pas assez. Tu attendais un enfant de Rudy, comme tu attendais à ce moment-là celui de Gaspard, et tu te réjouissais de passer ta vie à ses côtés. Mais Rudy, comme Gaspard, aimait une autre femme. Il y a six ans, Rudy te trompait avec Ninon, aujourd'hui, Gaspard te trompait avec moi.

Le destin avait-il décidé de réécrire l'histoire ? Était-ce une façon de conjurer cet affreux accident ou était-ce la même histoire tragique qui se répétait ?

Je me rassurais en me disant que rien ne laissait penser que cette fois tu perdrais ton bébé. Il n'y aurait pas cet accident de voiture suite à la découverte de la relation entre Ninon et Rudy. Tu ne perdrais pas ton bébé dans le choc.

Malgré tout, un pressentiment me hantait. Je ne cessais de penser à cette scène. On t'avait transportée à l'hôpital de la Timone. Je tenais ta main, dans cette lumière blanche des hôpitaux, dans l'odeur écœurante de désinfectant, et je devais trouver les mots, je devais te *dire*. Le bébé n'avait pas survécu. Tu te réveillais de ton opération et tu ne savais encore rien. Je me sentais coupable. C'était irrationnel, je me sentais coupable de ne pas avoir été avec toi dans la voiture, coupable pour Rudy, pour Ninon. Coupable de ne pas avoir su t'empêcher de souffrir. De t'avoir fait naître dans un monde si cruel.

« Tu sais le choc a été très violent… »

Tu as tout de suite compris :

« J'ai perdu mon bébé. »

Et puis tes cris déchirants, entre la douleur et la révolte. Tu m'as serré la main à l'en faire craquer, tu t'es accrochée à moi de toutes tes forces, comme si je pouvais changer quelque chose :

« Il bougeait… je le sentais bouger…
– Je sais… je suis désolée ma chérie… »

On t'avait fait un curetage pour éviter une infection. J'étais là quand le médecin t'a parlé de la difficulté que tu aurais à avoir des enfants par la suite.

Je me rappelle la tristesse que j'ai ressentie. Ma petite fille chérie ne pourrait peut-être pas être mère à son tour. Un sentiment d'injustice et d'impuissance très fort. Une mélodie qui s'arrêtait net dans mon cœur.

Cette mélodie reprenait avec cette incroyable nouvelle, mais elle sonnait faux. Tu vas croire que ce pressentiment n'était que la manifestation de ma jalousie. Et en un sens, tu auras raison.

Mercredi 22 juin

Ce soir, je ne suis pas sûre de pouvoir écrire bien longtemps. Nathan s'est mis en tête de m'initier aux jeux vidéo et nous avons passé la soirée à nous entretuer dans la cuvette de Dien Bien Phû. J'étais dans le camp Vietnamiens et j'ai vendu chèrement ma peau. Finalement, ces jeux sont à l'image des rapports humains que nous entretenons dans le monde. Sous des apparences de paix et de félicité, nous sommes capables de nous détruire. Moi-même, ne t'ai-je pas détruite ?

Je vais peut-être un trop loin là... Je reprends mon récit.

Depuis l'heureuse nouvelle, je répugnais à vous voir en couple dans le rôle de futurs parents heureux, et j'alignais les excuses pour éviter ce genre de rencontres.

Quand tu m'as montré les petits chaussons de bébé que Gaspard t'avait offerts, je l'ai imaginé s'attendrir devant eux dans la boutique. Cette image m'était douloureuse. En enfilant les vêtements du futur père comblé, j'avais l'impression qu'il avait tiré un trait sur notre amour. Cela rendait tout à coup notre histoire éphémère, vaine. Je lui en voulais, alors que je n'en avais pas le droit. Je ne voulais pas qu'il renie votre enfant, loin de là ! Mais, en secret, sans me l'avouer, j'aurais aimé qu'il clame notre amour à la face de tous.

Au lieu de cela, il montrait qu'il avait définitivement le sens des responsabilités. Gaspard le clown était devenu en l'espace de quelques semaines un homme qui assumait le destin de trois cents employés et ses devoirs paternels, aux dépens de ses propres aspirations. Par là, je crois qu'il était enfin parvenu à racheter son image de fils prodigue auprès de son père défunt. Gaspard faisait le pari de faire mieux que son père en étant un bon père et un bon patron, là où Michel Espira n'avait été qu'un bon patron. Parfois, l'orgueil des pères, leur adoration pour l'enfant à venir et la mère qui le porte, piétinent les grandes histoires d'amour. « C'est la vie ! » dit-on. Il y a un temps pour l'amour, un temps pour les enfants. J'avais aimé le Gaspard romantique et torturé, prêt à se damner pour aller jusqu'au bout de son amour. Ce Gaspard-là venait de disparaître.

Quand Roland m'a annoncé qu'il avait improvisé un petit quelque chose pour fêter l'heureuse nouvelle, j'ai été prise de court. Il m'avait laissé un message sur mon répondeur, mais je n'avais pas ouvert mon portable de la journée. Par crainte que l'un de vous deux ne m'appelle. Difficile de me défiler, j'étais déjà sur les lieux. Selon Roland, vous alliez arriver d'une minute à l'autre.

D'une minute à l'autre... Mon cœur commence à s'emballer. Vais-je supporter de le voir t'embrasser, te toucher ?

Ça y est, vous êtes là, devant moi, main dans la main, comme deux amoureux.

Le souvenir de ses mains, de son odeur est encore si présent. Mon corps se souvient et aspire au sien de toutes ses forces. Tout cela mêlé à une culpabilité qui me ravage.

Gaspard a l'air moins mal à l'aise que moi. Il est donc prêt à passer à autre chose ? Ou peut-être se maîtrisait-il mieux que moi, tout simplement ?

Roland ouvre ce fameux champagne millésimé de l'année de ta naissance. Il doit être très bon, mais j'ai un mal fou à l'avaler.

Roland a fini de porter son toast à votre honneur, et vous vous embrassez sous nos applaudissements. C'est insupportable. Est-ce que je vais tenir ? Est-ce que Gaspard feint ou est-ce qu'il est réellement ému ? J'ai le vertige.

Mentir, sourire. Il faut que je tienne le coup. Je m'étonne, j'arrive à me dominer ! Cela me rassure. C'est une bonne chose car je vais devoir apprendre à contrôler mon désir jusqu'à ce qu'il se taise définitivement...

Avec le temps, va, tout s'en va...
L'autre qu'on adorait, qu'on cherchait sous la pluie.

Avec le temps, tout allait rentrer dans le droit chemin.

Mais rien ne s'oublie, tout ressurgit...

Tu le sais, ma Johanna, toi que je pensais pouvoir épargner.

Jeudi 23 juin

Nathan s'est surpassé aujourd'hui pour me distraire ! Je t'ai raconté qu'il voulait remplacer Mme Dumas pour me faire faire des économies. Figure-toi qu'il a mis son idée en application ! Si bien que ce matin, j'ai ouvert la porte à une Mme Dumas furieuse, qui me demandait des comptes quant à son *licenciement*. Nathan a mis fin à cette collaboration sans me prévenir. Elle nous a accusés de nous être servis d'elle, et s'est plainte d'avoir déjà bloqué des heures pour nous. J'étais terriblement gênée. Pour la *dédommager*, je lui ai demandé de faire quelques heures de baby-sitting en échange. C'est comme ça qu'elle est allée chercher Noé à la crèche.

J'ai proposé à Nathan que l'on profite de ce temps libre pour aller au cinéma. Un grand sourire a fendu son visage poupin. Il voulait absolument voir le dernier *Baby Cart*, un film que j'allais adorer selon lui. J'ai accepté, mais avant, je lui ai rappelé qu'il avait du ménage à faire...

Baby Cart ? C'est brutal, bruyant et je n'ai pas compris le message du film. D'après Nathan, il faut voir l'intégrale pour comprendre, mais j'ai eu ma dose d'hurlements et d'effets spéciaux. En fait, je peux te l'avouer, *Baby Cart*, c'est tout le cinéma que je déteste, et pourtant j'ai *aimé détester*. C'est typiquement le film de jeunes que je ne serais jamais allée voir seule.

En rentrant, vers 19 heures, j'ai été surprise d'apprendre que Noé dormait. D'habitude, je n'arrive jamais à le coucher avant 20 h 30. Et encore, tu sais bien que c'est souvent la guerre pour l'endormir. Il faut que je lui lise deux histoires, ensuite il me réclame des chansons, et pour finir je dois laisser la porte ouverte.

Mme Dumas m'a dit qu'une petite histoire avait suffi, et qu'il n'avait fait aucun caprice pour s'endormir. Je suis admirative. Cette femme a une expérience incroyable. Je lui ai demandé quel était son secret. Tu sais ce qu'elle m'a répondu ?

« Je me suis déjà fait voler mon savoir-faire en matière de ménage... Vous permettrez que cette fois je garde mes petits secrets ? »

Ce qui prouve que non seulement elle a du savoir-faire, mais aussi de l'humour !

Je vais me coucher, ma Johanna, je sens que je n'arriverai pas à écrire quelque chose d'intéressant ce soir.

Vendredi 24 juin

En relisant ce que j'ai écrit hier, je me rends compte que, sous prétexte d'un manque d'inspiration, j'ai tout bonnement fui devant l'obstacle. Je t'ai raconté ma journée par le menu pour éviter d'aborder l'une des pages les plus violentes de ma vie. J'ai manqué de courage. Pourtant, je ne peux pas faire l'économie de ce moment terrible quand tu as découvert ma trahison. Il faut que je le revive une seconde fois.

Il a fallu que Vincent Chaumette, qui cherchait par tous les moyens à récupérer l'entreprise Espira, se mêle de notre histoire avec ses méthodes de voyou. Comment peut-on se regarder dans la glace quand on n'hésite pas à sacrifier la vie des gens pour servir des intérêts financiers ? Il avait fait appel à un détective privé pour déterrer des secrets compromettants sur Gaspard qui pouvaient lui permettre de le faire chanter. Il s'agissait sûrement de cette dame qui était déjà venue me poser des questions sur la vie de Gaspard en Amérique à votre retour de Las Vegas. Après coup, j'ai l'impression qu'elle était là quand nous sommes sortis de l'hôtel, le jour où tu nous as appris que tu étais enceinte. C'est là qu'elle nous a pris en photo.

Sur cette photo, j'embrasse Gaspard pour la dernière fois.

Devant le chantage de Chaumette, Gaspard a accepté de vendre les parts de l'entreprise Espira, mais, par malchance, Bilal et les autres employés l'ont séquestré pour l'en empêcher. Impuissant, il n'a pas pu se rendre au rendez-vous fixé par Vincent... Il savait, à ce moment-là, que Vincent exécuterait sa menace.

Selon Thomas, la photo de notre forfait avait été placardée dans tout le Mistral. Le pauvre Roland l'avait découverte en ouvrant le bar, très tôt le matin. Je l'imagine devant les affiches, complètement choqué. Il n'arrive pas à croire ce qu'il voit. Il se frotte les yeux, demande à Thomas :

« Dis-moi que ce n'est pas vrai. Que c'est une mauvaise blague ! »

Et Thomas qui confirme, pour ne pas perdre de temps.

« Blanche et Gaspard ont une relation. Voilà, c'est dit. Maintenant, aide-moi à décrocher ces saloperies avant que Johanna les voie. »

Roland, hagard, choisit de prendre sur lui et d'agir pour éviter le pire, il se met à arracher les affiches comme Thomas.

Cela n'a pas suffi, puisque tu as reçu cette ignoble photo sur ton portable.

Quand tu déboules chez moi, ce matin-là, je ne suis pas au courant de ce qui se trame. Cependant, je vois tout de suite que tu n'es pas dans ton état normal. Tu me demandes, sans préambule, si Gaspard est là. Je te dis, l'air étonné, que je ne l'ai pas vu depuis lundi.

Sans me regarder, tu me réponds qu'il est forcément là, et tu te mets à crier :

« Gaspard, tu peux sortir du lit de ma mère ? »

Mon cœur se soulève. Tu es au courant ! Mais comment ? C'est impossible ! Mon premier réflexe, c'est de nier :

« Pourquoi il serait dans la chambre ? »

Tu me regardes avec un air dubitatif et scandalisé. Tu te demandes comment j'ose. Mentir, jouer la comédie.

Moi, je reste de marbre. Comment je fais pour mentir avec autant de calme ? Un instinct de conservation ?

« Arrête de me raconter des conneries maman. Vous avez baisé ensemble ? »

Cette question, c'est comme un coup de poing. Une cicatrice indélébile. Elle contient tant de haine et de reproches !

Je réponds, sans réfléchir :

« Tu n'es pas obligée d'être aussi vulgaire ! »

Je regrette aussitôt. Pourquoi ai-je dit cela ? Je me suis réfugiée derrière ce vieux réflexe éducatif, c'est ridicule... En même temps, tu ne peux pas me parler comme ça ! Je suis ta mère, je ne veux pas être cette personne immorale qui a couché avec ton mari...

« Et toi, tu crois pas que tu as atteint le sommet de la vulgarité ? Réponds-moi maman, est-ce que coucher avec le mari de sa fille, c'est vulgaire ? »

Rester calme... Ne pas céder à la panique. Que sais-tu vraiment ? Peut-être n'as-tu pas de preuves ? Peut-être que tu me testes ? Il faut que je continue de nier.

Je te dis que je ne comprends pas de quoi tu me parles, mais tu sors ton téléphone. La photo. Gaspard et moi.

C'est irréel de me voir embrasser Gaspard. Est-ce vraiment moi ? Comment ai-je pu... avec Gaspard ?

C'est irréel, et en même temps, cette image me tend un miroir. C'est la réalité concrète. Comme si je me réveillais et que je découvrais que mon cauchemar était vrai.

Tu me laisses le temps de la contempler, puis ta haine ressurgit, dans toute sa violence :

« Pourquoi tu as fait ça ? Dis-moi ! Tu vas me dire pourquoi tu as fait ça ! »

Qu'est-ce que je peux répondre à ça ? La honte me tétanise. Dans tes yeux, je vois la haine et l'incompréhension. « Pas elle ! Pas ma mère ! » Ton monde s'écroule et j'en suis responsable. Il n'est plus temps de faire demi-tour, de se cacher ou de rompre. Le mal est fait.

Mon absence de réponse te fait entrer dans une sorte de furie destructrice. Tu te mets à donner des coups dans les meubles, à renverser les objets. J'ai peur que tu te fasses mal. J'essaie de te retenir. Tu te débats comme tu peux. Tu t'empares au hasard d'un presse-papiers et tu me frappes la tête.

J'ai mal. Qu'est-ce qui s'est passé ? Qu'as-tu fait ma Johanna ? Pourquoi me regardes-tu avec cet air affolé ?

J'entends Gaspard qui arrive. Tu te précipites vers la porte et tu le bouscules. Il te laisse partir et me regarde sans un mot, stupéfait. De mon front, le sang commence à couler. Il me dit de ne pas bouger, et me fait m'allonger sur le canapé avant d'appeler le Samu. Il essaie de rester calme, mais sa voix trahit son angoisse.

Je saigne, mais je ne sens aucune douleur. Tout se brouille dans ma tête, j'ai l'impression d'être dans une bulle de ouate.

Je n'ai pas voulu que Gaspard monte dans l'ambulance. Je veux être seule. Des pompiers se penchent sur moi. Pourquoi s'occupent-ils de moi avec autant de gentillesse ? Pourquoi me soignent-ils ? Je ne le mérite pas. C'est sûrement parce qu'ils ne me connaissent pas, ils ne savent pas encore le mal que je viens de faire à ma fille...

J'ai envie de dormir. Ils me font répéter mon nom en boucle tout en me posant des questions.

« Blanche Marci. J'ai trois enfants : Lucas, Johanna et Noé.

Blanche Marci, je suis institutrice.

Blanche Marci, ce midi, j'ai mangé un sandwich.
Blanche Marci, j'ai détruit la vie de ma fille.
Blanche Marci, j'ai perdu ma fille.»

Quand je suis arrivée à l'hôpital, j'ai demandé au médecin des médicaments contre la douleur. Pour dormir, pour oublier.

Samedi 25 juin

Wanda est passée ce matin pour m'emprunter du matériel de plage, elle est invitée à Saint-Tropez par un de ses vieux amis. Elle voulait même que je lui prête un maillot de bain une pièce. Tu l'aurais vue, on aurait dit une midinette!

Je lui ai rappelé qu'elle m'avait promis d'emmener Noé au zoo dimanche après-midi. Mais, tu comprends, cette invitation est «inespérée» et elle a un besoin urgent de s'amuser... Je n'ai qu'à demander à ce «bon à rien de Nathan» de garder Noé, ce qui lui donnera l'occasion de payer son loyer.

C'est tout Wanda! On ne peut jamais compter sur elle... Elle a passé sa vie à jouer au courant d'air. Quand on a besoin d'elle, il n'y a jamais personne.

Je suis injuste, c'est quand même elle qui m'a permis de supporter la honte après que le scandale a éclaté. Sans elle je ne sais pas ce que je serais devenue.

À l'hôpital, j'ai expliqué à Rudy que j'étais tombée accidentellement. Je voulais te protéger d'une éventuelle enquête de police, mais surtout je me sentais incapable de raconter le pourquoi de notre dispute.

Il a détecté un hématome sous mon crâne et a préféré me garder en observation. Moi, je n'avais qu'une idée : quitter l'hôpital et m'éloigner de toi. Je comptais demander ma mutation et disparaître de ta vie, dans l'espoir que tu oublies ce qui s'était passé. Ainsi, tu aurais pu élever ton enfant sans avoir sous les yeux la preuve vivante de l'infidélité de son père. Gaspard avait mis cette folle idée sur le compte du stress.

À vrai dire, j'avais peur d'affronter le jugement de mes proches.

Notre altercation m'avait fait prendre conscience de l'atrocité de mon comportement, et je ressentais un violent sentiment de honte. Avant, durant notre relation secrète, il s'agissait uniquement de culpabilité. La honte arrive toujours après, quand on parvient à se détacher de nos actes et qu'on est en mesure de se juger avec le regard des autres. Je n'arrivais plus à comprendre la Blanche qui avait trahi sa fille. Qu'est-ce qui m'avait pris ? J'avais toujours voulu le bonheur de mes enfants. J'étais même restée des années avec votre père pour vous éviter d'être malheureux !

Pour me déculpabiliser, Gaspard me soutint qu'on ne pouvait rien contre notre amour, qu'il était plus fort que nous.

C'était faux ! Nous nous sommes plu à croire qu'on ne pouvait pas résister. Gaspard ne voulait pas le reconnaître. Dans cette affreuse chambre d'hôpital, c'est d'ailleurs la première fois que je n'ai pas eu envie de me blottir dans ses bras.

Wanda est venue me chercher le lendemain à l'hôpital. Je n'aurais certainement pas eu le courage de rentrer seule chez moi.

Je me rappelle, nous sommes assises sur un banc, près de l'accueil. Il faut attendre quelques signatures pour ma sortie. J'ai l'impression d'aller à l'échafaud.

Elle me dit que je dois affronter directement les gens du Mistral, et ne surtout pas oublier que nous sommes tous capables de déraper quand l'amour est en jeu. Une question me tarabuste. Et elle ? Est-ce qu'elle aurait pu faire ce que j'ai fait ? Je lui pose la question. Elle me répond avec une franchise déconcertante.

« Si j'avais été amoureuse, sûrement. »

Une douce chaleur enveloppe alors mon cœur. Le poids qui m'empêche de respirer s'est un peu soulevé. Que ma mère soit capable du pire me réconforte. Je ne suis donc pas seule… Quelqu'un me comprend. Pour la première fois, je sens de la complicité entre nous. Je le lui dis :

« Je te ressemble en fait. Je te détestais parce que tu ne savais pas résister à un homme. Tu pouvais nous laisser seuls avec papa du jour au lendemain, et moi je fais pire avec ma fille.

– Tu n'as pas fait pire. Comme moi, tu n'as pas résisté à ton désir. »

L'émotion est palpable entre nous. Jamais nous n'avons été aussi proches. Comme nous sommes deux grandes pudiques – chacune à notre façon – je me mets en tête de faire un peu d'ironie en affirmant aussitôt que j'aurais préféré ne pas hériter de son défaut.

Elle me répond du tac au tac :

« Au moins, ça te permet de ne pas être seule. »

La mansuétude est une des plus sages et des plus nobles attitudes. Wanda a été merveilleuse. Ce drame a au moins permis ce rapprochement inédit. Je ne pourrai plus juger Wanda ou dire qu'elle est une mauvaise mère. Pour la première fois, j'avais l'impression d'avoir une mère et de pouvoir compter sur elle.

J'ai ressenti le besoin de lui en faire part. Il faut dire que c'était tout à fait nouveau ! Émue, Wanda m'a prise dans ses bras.

Elle m'a accompagnée jusque chez moi. Il fallait passer devant le bar, Roland était justement en train de ranger la terrasse avec Thomas. Je me suis arrêtée. J'étais incapable d'affronter son regard. Imagine donc. La place du Mistral à traverser, Roland qui fait semblant de ne pas m'avoir vue... Tu sais tout ce qu'il représente pour moi. C'est peut-être la personne au monde dont l'opinion compte le plus. Il est généreux et il pense toujours juste, c'est-à-dire avec la raison et le cœur. Il m'a toujours soutenue. Quand on s'est séparés avec ton père, il est venu me dire que quoi qu'il arriverait je serais toujours sa belle-fille. Et moi, en guise de remerciement, je détruis la vie de sa petite-fille.

Wanda m'a dit, pour me donner courage: « Personne n'a le droit de te juger. Et les gens innocents, ça n'existe pas. Allez, tu respires un grand coup et tu te lances. »

Dès qu'il m'a vue approcher, Roland a fait volte-face pour rentrer dans le bar. Mais Thomas l'a retenu par le bras et l'a convaincu d'écouter ce que j'avais à dire.

Je lui ai dit que je regrettais mais son regard était très dur, il n'y avait pas de mot pour qualifier ce que je t'avais fait. Comme je le suppliais de ne pas me rejeter, il a dit mot pour mot:

« Tu n'es plus rien pour moi. »

Et cela avec un regard glacial que je ne lui ai jamais vu, empli de déception et de colère. Si, pour Roland, je n'étais plus rien, alors je n'étais plus rien pour tout le Mistral. J'ai compris que j'avais détruit le lien avec mon entourage. La famille, les amis, tout avait été englouti.

Hormis Thomas, qui ne m'a jamais jugée et qui a continué à écouter avec patience mes confidences, les proches m'ont condamnée sans appel.

Je n'ai pas été surprise de cette réaction, je l'ai même comprise. Mieux, je la souhaitais. Je préférais qu'ils mettent toute leur énergie et leur tendresse à te consoler, car je souffrais de ne pouvoir t'aider.

Mardi 28 juin

Nathan a décroché un poste de serveur sur une plage privée à La Ciotat. Alors hier soir, pour me remercier de tout ce que j'avais fait pour lui, il m'a invitée au cinéma puis dans un Tex Mex qui vient d'ouvrir sur le port. Cette petite soirée m'a permis de me changer les idées.

Par contre, en rentrant, j'ai passé une nuit agitée. Noé s'est réveillé trois fois dans la nuit, en pleurs. Il a fallu que je le prenne avec moi pour le rassurer. Ce qui m'inquiète, surtout, c'est qu'il a fait pipi au lit, ce qui n'est pas arrivé depuis Noël.

J'ai convoqué Nadia, qui le gardait la veille, pour savoir si tout s'était bien passé. Peut-être avait-elle oublié de lui donner son doudou ou de laisser la lumière du couloir allumée ? Elle m'a assuré qu'elle avait bien respecté toutes mes consignes et qu'il avait été sage comme une image. Par contre, elle m'a laissé entendre que Noé pouvait être perturbé par l'instabilité qui règne dans ma vie et qu'il souffre de ne pas voir son père régulièrement. C'est vrai que, même si Franck fait en sorte de le prendre dès qu'il peut, il est souvent parti sur des chantiers à travers le monde. D'après elle, Noé aurait aussi mal supporté le départ précipité de sa grande sœur. Elle trouve que ça fait beaucoup pour un tout-petit.

Sur le moment, sa façon de juger ma vie m'a agacée, mais dans le fond, j'ai peur qu'elle ait raison. Les enfants ont besoin de cadres, et ces derniers temps, les repères de Noé ont pas mal bougé, par ma faute.

C'est encore mon rôle de mère que je remets en cause. Je me dis que ce doit être pesant pour lui en ce moment de vivre avec une mère dépressive. J'ai confié mes doutes à Thomas, qui a essayé de me rassurer. Les mères parfaites n'existent pas, m'a-t-il dit en citant l'exemple de Wanda. Elle n'a pas été une mère digne de ce nom, et pourtant, d'après lui, j'ai réussi à être équilibrée et à fonder une famille.

Pour la famille, je suis d'accord, mais pour le côté équilibré, je suis moins convaincue… Est-il normal que je coure ainsi les hommes depuis que j'ai divorcé de ton père ? Est-il normal de voler le mari de sa fille ?

En relisant mes dernières pages, je m'étais promis de parler de Gaspard. Comment a-t-il vécu cette crise ?

J'ai parlé de la honte qui s'était abattue sur moi, mais lui, comment a-t-il réagi ? Tu ne voulais plus le revoir. Il envisageait de toute façon de divorcer. Il ne concevait pas de vivre avec une femme qu'il n'aimait pas et qui ne l'aimait plus. Cependant, il ne pouvait pas imaginer d'abandonner son enfant. Il voulait s'assurer au moins de son confort matériel, et il est passé dès qu'il a pu chez Céline pour régler le divorce et vous garantir une large pension. Il est venu chez toi te parler de sa place future de père, mais tu lui as clairement dit que tu ne voulais pas d'un père comme lui pour ton enfant.

Il en était là quand nous nous sommes revus, sur un banc du parc Borely. Je lui ai précisé que c'était la dernière fois qu'on se voyait. Nous n'étions plus les deux amants d'avant, seulement deux anciens complices qui cherchaient à réparer leurs torts, et nous avons réfléchi à la meilleure façon de t'aider. Il m'a proposé de prendre sur lui tous les torts de notre relation. Il t'aurait dit que c'était lui qui m'avait séduite, qu'il m'avait harcelée jusqu'à ce que je cède. Il songeait avant tout à l'aide que je pouvais t'apporter pendant ta grossesse si j'arrivais à me faire pardonner.

C'était une proposition généreuse de sa part, mais je n'aime pas les mensonges. Nous étions tous les deux fautifs. Ma seule façon de garder un peu de dignité était d'assumer ce que j'avais fait, et puis je ne voulais pas que mon petit-fils pense que son père était le pire des salauds. J'ai donc encouragé Gaspard à faire le maximum pour rester dans ta vie et pour préserver sa place de père. Ton enfant devait le connaître et grandir à son contact. Il devait se battre pour te le faire comprendre. N'avait-il pas souffert lui-même d'avoir un père quasi inexistant ?

Nous n'imaginions pas, à cette époque, que tu te posais la question de ne pas garder cet enfant.

Mercredi 29 juin

Je viens de te croiser dans la rue, tu étais avec Xavier Revel. Tu m'as semblé en forme. Est-ce parce que tu es amoureuse ? D'après Wanda, vous passez de plus en plus de temps ensemble. Il plaît à Wanda, et c'est bien ce qui m'inquiète. Bien sûr, elle se réjouit qu'il soit procureur de la République, et pense déjà à ta position sociale si votre relation devenait sérieuse. Moi, je veux simplement qu'il te rende heureuse, et j'avoue que le portrait qu'on m'a fait du personnage n'est pas pour me rassurer.

Tu dois encore m'en vouloir pour ce que je t'ai dit sur son compte la dernière fois, quand il commençait à te faire des avances. Je t'avais entendu en parler à

Thomas, et mon premier élan avait été de m'inquiéter. Essaie de me comprendre, on le décrivait comme arrogant et prêt à tout pour satisfaire son ambition. Il n'avait pas hésité à mettre le petit Cassagne en examen pour une histoire de drapeau brûlé... Son propre neveu ! Tout ça pour préserver sa carrière ! Avoue qu'il y avait de quoi s'inquiéter. Il me semblait à l'opposé de tes valeurs de tolérance et de solidarité, et je ne comprenais pas ce qu'il pouvait t'apporter. J'ai eu peur qu'il profite de ta récente fragilité pour te séduire et j'ai pris sur moi pour t'en parler. Ta réponse a été cinglante :

« Et si j'ai envie de me laisser séduire ? Les loosers, j'en ai marre. Je rêve de quelqu'un qui soit le contraire de Gaspard et de toi, et s'il incarne des valeurs à l'opposé des vôtres, c'est encore mieux ! »

Tu as trouvé indigne que je te parle de morale vu l'immoralité dont j'avais fait preuve. Ma remarque était en effet déplacée et j'ai réalisé que je n'étais plus en position de te donner des conseils. J'avais perdu mon droit moral de mère, même si je n'avais pas perdu l'habitude de m'inquiéter pour toi.

D'ailleurs mon intervention a peut-être eu l'effet contraire de celui escompté, car tu as ajouté une phrase du style : « Tu n'aimes pas Revel, génial. Comme ça tu n'essaieras pas de me le piquer ! »

J'espère que tu n'es pas sortie avec lui pour me contrarier, car ce serait une bien mauvaise raison. J'espère surtout m'être trompée sur son compte, et qu'il sera celui qui te redonnera confiance en l'amour. Qu'il refermera la plaie ouverte par Gaspard.

Ma pauvre chérie, quelle image tu dois avoir des hommes ! Ils ne t'ont pas épargnée. Tous les jours, j'essaie d'imaginer ce que tu as pu ressentir quand tu as appris que Gaspard te trompait. L'ancienne cicatrice s'est rouverte. Ton histoire avec Rudy est revenue te frapper de plein fouet, et s'est superposée à cette nouvelle trahison.

Rudy, Gaspard. Ils devaient te rendre heureuse, tu portais leur enfant.

La même trahison, le même choc à six ans d'intervalle.

À une différence près : tu avais toujours cet enfant en toi.

Je regretterai toujours de ne pas avoir été là au moment du terrible dilemme qui s'est posé à toi. Comment garder l'enfant d'un homme que l'on hait ? Pourrais-tu aimer cet enfant ? Quelle sorte de famille aurait-il ? D'un autre côté, sa venue était tellement inespérée après ta fausse couche, qu'elle en faisait un cadeau du ciel auquel il était dur de renoncer.

Qui pouvait t'aider à prendre une décision ? Sûrement pas Rudy, qui devait être mal à l'aise avec ce problème. Peut-être ton amie Victoire, qui est médecin ? J'imagine que Mirta t'a dit que tu aurais assez d'amour pour l'élever, tandis que Wanda t'a conseillé de penser d'abord à toi si tu voulais qu'il ne soit pas malheureux.

Tu as décidé d'avorter. Je crois savoir à quel moment tu en as eu la certitude. C'était une semaine après avoir appris pour Gaspard et moi.

Tu toques à ma porte, très agitée, comme s'il s'agissait d'une urgence. Sur un ton agressif, tu me demandes : « C'était juste pour le cul ou c'était de l'amour ? »

Je ne réponds rien. Que dois-je répondre ? Qu'est-ce qui t'aiderait ?

Tu me poses à nouveau la question, sur un ton presque suppliant :

« C'était de l'amour ? J'ai besoin de savoir si vous vous êtes aimés. Est-ce que c'était de l'amour ? »

Faut-il que je te dise la vérité ou est-ce que je dois minimiser ce qui s'est passé ? Je choisis de ne pas te mentir, par respect pour toi. Je te regarde dans les yeux :

« Oui. »

Oui, notre histoire n'était pas une simple aventure charnelle, oui, il y avait de l'amour. Un grand vertige d'amour.

Tu m'as regardée avec une haine insondable et tu as tourné les talons. J'ai compris a posteriori que c'est cette réponse qui t'a décidée à couper définitivement les ponts avec Gaspard et à cesser de l'envisager un tant soit peu comme le père de ton enfant. La faute était plus grande du moment qu'il s'agissait d'une histoire d'amour, et non d'une relation purement sexuelle. Du moment que Gaspard m'avait aimée, garder cet enfant était devenu impossible pour toi.

Il y a six ans, tu n'avais que seize ans, je t'avais déconseillé de garder ton bébé, contrairement à Mirta. Cette fois encore, je t'ai incitée indirectement à prendre la même décision. Est-ce une fois encore la manifestation de la jalousie mère-fille ? Est-ce la méchante marâtre qui fait en sorte, inconsciemment, de rendre toute maternité impossible pour toi ? Car si je n'avais pas eu cette aventure avec Gaspard, cet enfant serait né.

Dis-moi que j'ai tort. L'inverse serait monstrueux.

Jeudi 30 juin

Vivement la fin des cours ! Je sens que j'ai besoin de vacances.

Je suis devenue irritable avec mes élèves. Parfois, je suis à deux doigts de leur donner une gifle. Cela ne m'est jamais arrivé en vingt ans de métier et jusqu'à aujourd'hui. Je pensais même être incapable de porter la main sur un enfant. Il faut dire que mes nerfs ont été mis à rude épreuve ces derniers mois. Plus d'une fois j'ai eu envie de demander un congé maladie au docteur Leserman.

Aujourd'hui, nous avons passé la journée à fignoler les derniers préparatifs pour la kermesse de demain, tout allait de travers, et sais-tu quelle mère d'élève m'a proposé son aide ? Mme Martin !

Mme Martin représente à mes yeux toute la bêtise et la méchanceté humaines. Elle était au premier rang de mes détracteurs à l'époque où a éclaté le scandale. C'était la rentrée des vacances d'hiver. Je m'étais réfugiée dans le travail pour éviter de ressasser. À l'école, je pouvais espérer que mes élèves, contrairement aux gens du Mistral, continueraient à me respecter en tant que maîtresse. Là au moins, l'opinion que j'avais de moi n'était pas nulle. Or, quand je suis arrivée au niveau de l'école, j'ai entendu Mme Martin, la maman de la petite Suzon, parler de ma « conduite scandaleuse » à une autre maman.

Imagine-les, toutes les deux, en train de comploter au milieu des enfants qui s'amusent. Mme Martin, avec son air de *mère la morale*.

« J'arrive pas à comprendre comment on peut désirer le copain de sa fille ! »

Je m'approche d'elle, l'air le plus digne possible : « Surtout, si certaines choses ne vous plaisent pas, n'hésitez pas à venir m'en parler. C'est plus élégant que de cancaner en public. »

Elle me répond, avec son air pincé, que ma vie privée est déjà publique puisqu'elle s'étale sur les murs du quartier ! J'ai envie de l'étrangler ! Mais je prends sur moi et je lui dis humblement que je regrette ce que j'ai fait à ma fille, que c'est déjà assez douloureux à vivre pour qu'elle ne vienne pas me le rappeler.

« Ce qui me gêne, c'est que l'institutrice de ma fille ait une morale douteuse », me répond-t-elle sur un ton implacable.

Quoi ? On se croirait revenu au siècle dernier ! Ses propos sont bêtes et cruels. Qu'est ce qu'elle croit ? Que je vais apprendre aux enfants comment tromper leur conjoint plus tard ? Vais-je enseigner différemment les additions à sa fille ?

Mais je ne réponds rien de cela. Je me sens cotonneuse, comme lorsque je suis prise de vertige devant le vide. Sa réponse m'a anéantie, le couperet est tombé : coupable ! J'ai l'impression que tout le monde autour de moi reprend les accusations de Mme Martin en boucle : « coupable ! coupable ! coupable ! ».

N'y a-t-il pas un endroit au monde où je pourrais oublier ce qui s'est passé ? Même Blanche la bonne institutrice, celle à qui on offrait des cadeaux en fin d'année, avait été engloutie par le scandale. Je n'avais pas la force de me battre. Je me sentais la créature la plus détestable et la plus misérable du monde. Je ne pouvais plus m'aimer, pouvais-je encore vivre ? L'avenir m'est apparu comme un océan hostile, froid, opaque et noir. Comment allais-je l'affronter ? À midi, sur le chemin entre l'école et chez moi, j'ai eu l'idée de me jeter sous les roues d'une voiture... Et puis, immédiatement, j'ai pensé à Noé bien sûr.

En rentrant, j'ai fait un malaise. Heureusement que Wanda était sur place. Le matin, déjà, elle m'avait fait la morale comme une vraie maman : j'avais l'air fatigué, je mangeais mal... Elle a immédiatement appelé le docteur Leserman. Ma tension était très basse. Quand il m'a demandé si j'avais le courage de retourner travailler l'après-midi, j'ai craqué, j'ai fondu en larmes. Il m'a aussitôt conseillé de consulter un psychiatre, arrêtée trois jours et prescrit des antidépresseurs légers au cas où ça n'irait pas mieux.

En sortant, il est allé faire part à Roland de mon état de détresse psychique. Il lui a conseillé d'être moins dur avec moi s'il ne voulait pas que je m'effondre. Il disait cela à titre médical, bien sûr... Que ferait-on sans Guillaume Leserman ? Il a su prendre une place inestimable dans la vie des Mistraliens. J'aime sa façon de se mêler de la vie de ses patients sans avoir l'air d'y toucher.

Ça a dû faire réfléchir Roland, car le lendemain, il a défendu mon honneur dans son bar. Thomas m'a raconté la scène. Mme Martin était en train d'expliquer à Adriana, qui est une de ses collègues, qu'elle avait lancé une pétition auprès des parents d'élèves pour me faire renvoyer. Adriana essayait de lui faire comprendre que ma vie privée n'avait rien à voir avec mes compétences, mais c'était comme essayer d'apprendre une soustraction à un âne ! D'après la Martin, j'étais une « perverse » qui cachait bien son jeu sous ses airs de bonne mère de famille.

En entendant le mot de *perverse*, Roland a bondi pour prendre ma défense :

« Je vous interdis de dire ça. Blanche a élevé ses enfants dans le respect des autres, je peux en témoigner personnellement. »

Mme Martin a préféré décamper. Cela m'a beaucoup touchée, tu t'en doutes. Thomas m'a alors encouragée à aller voir Roland : il ne pourrait pas continuer à m'en vouloir longtemps, son cœur est tellement grand quand il s'agit de sa famille !

J'ai pris mon courage à deux mains et je suis entrée dans le bar. Roland était au téléphone et m'a tourné délibérément le dos. Je n'étais pas la bienvenue et j'ai voulu repartir. Thomas m'a convaincue d'attendre. Nous ignorions à qui Roland parlait, mais on l'a vu blêmir. Il a dit à son interlocuteur qu'il arrivait et il a raccroché.

C'était toi, Johanna ! Roland m'a appris, le regard noir, que tu venais d'avorter.

Gaspard m'a confirmé la nouvelle à son tour. Tu étais aussitôt allée lui dire qu'il n'y avait plus de bébé, qu'il n'y avait plus de « vous », qu'il n'y avait plus rien. Pourquoi ne l'avais-tu pas prévenu avant ?

« Pour te faire une surprise. Maintenant tu es libre de retourner dans le lit de ma mère. »

Dans tes yeux, il a vu la haine, mais il a aussi vu autre chose qui l'a effrayé. L'espace d'un instant, il a vu un éclair de folie.

Vendredi 1er juillet

Tu étais prête à te venger de Gaspard par tous les moyens. Il fallait lui faire endurer une peine aussi grande que celle qu'il t'avait fait subir. La haine était devenue ton moteur, elle te permettait de te tenir debout, de te lever, de te laver, d'enfiler des vêtements propres. Elle te permettait de ne pas te focaliser sur ta propre douleur, mais sur celui qui te l'avait infligée. Au lieu d'être une victime, tu as voulu à ton tour être un bourreau. Frapper, infliger, manipuler.

Je n'ai compris que beaucoup plus tard que tu étais en cause dans l'arrestation de Gaspard pour trafic de cigarettes. Il m'a raconté longtemps après comment tu lui as donné rendez-vous sur les docks de l'entreprise Espira au moment où Sam déchargeait des caisses. Comment as-tu eu connaissance du trafic de Sam ? Et comment savais-tu qu'il y aurait un déchargement ce soir-là ? Ni lui ni moi n'avons la réponse. Par contre, il sait que c'est toi qui as appelé la police pour dénoncer ce commerce frauduleux.

J'essaie de me mettre à ta place pour comprendre ce qui s'est passé.

Il est 19 heures, tu viens d'appeler la police depuis une cabine téléphonique pour dénoncer anonymement un trafic de cigarettes de contrebande sur le quai B de l'entreprise de construction navale Espira. Tu remontes l'escalier qui mène chez Rudy. Tu pousses la porte et tu te loves dans le canapé. Il t'héberge depuis deux semaines, et ce soir-là tu es seule car il est de garde. Tant mieux, tu préfères être seule pour savourer ta vengeance... Tu appelles Gaspard et tu lui proposes de te retrouver à 21 heures sur le quai B. Il te demande si tu ne préfères pas discuter dans un café, mais tu refuses de le rencontrer dans un endroit chaleureux. Tu raccroches et tu attends. Il est 21 h 15. Tu es toujours dans le canapé, et tu imagines ce qui est en train de se passer… Gaspard doit être arrivé. Il t'attend depuis un quart d'heure, s'impatiente. Soudain, il aperçoit des ombres près du débarcadère, s'approche. Il reconnaît Sam, son meilleur ami, qui décharge des caisses en compagnie de deux hommes. Il demande des explications… Sam n'a pas le temps de lui en donner qu'une voix retentit : « Police, on ne bouge plus ! » C'est Léo Castelli et ses hommes. Gaspard est arrêté. Il ne comprend pas, crie au malentendu. Il devra s'expliquer au poste. Menottes, gyrophares. La vie de Gaspard bascule. Tu veux qu'il ait peur, tu veux qu'il paye.

Gaspard a eu beau expliquer à la police qu'il était sur les lieux parce que tu lui avais demandé de venir, on ne l'a pas cru. Et pour cause, tu as nié lui avoir donné ce rendez-vous ! Ma pauvre chérie, comme ta souffrance devait être grande pour que tu fasses preuve d'un tel machiavélisme…

À cette époque, tu devais être loin d'imaginer que tu avais trouvé un allié de taille en la personne de Sam. Grâce à lui, l'affaire a pris un nouveau tour et t'a permis d'aller plus loin encore dans ta vengeance. De simple trafiquant de cigarettes, Gaspard est devenu un assassin, pire, un parricide.

La police a découvert la montre en or de Michel Espira, le père de Gaspard, au poignet de Sam. Pour se défendre, ce dernier a accusé Gaspard de la lui avoir donnée en échange de son silence sur le meurtre de son père.

Selon lui, Michel Espira avait fait une crise cardiaque suite à une violente altercation avec Gaspard devant sa future école de cirque. Au lieu d'appeler les secours, celui-ci l'avait laissé mourir et avait appelé Sam pour l'aider à déplacer le corps. Il concluait sa déposition en affirmant que c'était aussi pour le remercier de ce service que Gaspard l'avait laissé faire du trafic sur son chantier.

Tout le monde ignorait que dans l'ombre de Sam, il y avait Vincent Chaumette qui l'incitait à vendre la peau de son ex-meilleur ami pour sauver la sienne. Vincent Chaumette est un as de la manipulation. Un génie des coups tordus. Un sale type.

Une enquête a été ouverte et tu as été interrogée puisque, officiellement, c'est en ta compagnie que Gaspard avait passé l'après-midi et découvert le corps de son père, une heure après sa mort.

Je t'imagine, ma Johanna, au moment où Léo t'expose la situation... Il te demande solennellement si tu étais avec Gaspard les heures qui ont précédé cette macabre découverte. Si c'est le cas, la version de Sam ne tient pas. Tu es le seul alibi de Gaspard.

Ton cœur bat d'une joie sourde et sauvage, mais tu ne le montres pas. C'est inouï. On te sert sur un plateau une vengeance encore plus terrible que celle que tu as imaginée. Enfin le ciel est de ton côté ! C'est même la preuve qu'il soutient ta haine.

Léo te ramène sur terre.

« Johanna, est-ce qu'il s'est absenté ? »

Tu te concentres, tu arrives à garder un air serein et vaguement étonné.

« Oui, je me souviens. Il s'est absenté. Au moins une heure. »

Cela permettait de l'inculper pour non-assistance à personne en danger et de le mettre sous les verrous pour des années.

Et puis vient la confrontation officielle avec Gaspard. Vous êtes face-à-face. Tu savoures le moment. L'heure de ta vengeance a sonné. Il est à ta merci, fatigué par deux jours de garde à vue. On te demande de confirmer ta version des faits. Tu persistes. Effaré, Gaspard te regarde avec des yeux suppliants, mais tu continues. Il se révolte. Il aurait été prêt à assumer les conséquences de ta vengeance si elle n'avait pas été si démesurée.

« Je peux accepter que tu aies besoin de te venger mais là c'est trop ! Tu m'entends ? Tu dois dire la vérité maintenant. »

Tu ne réponds pas, tu te contentes de le regarder. Tu es incapable d'avoir de la pitié. Pas après ce qu'il t'a fait. Plus il te supplie de revenir à la raison, plus tu as envie de lui faire du mal.

Et moi ? Pendant que ces événements se déroulent, j'ignore tout de la part que tu y prends. Je ne suis d'ailleurs mise au courant que lorsque Bilal, le délégué du syndicat, vient me solliciter : son patron est en garde à vue, et il s'inquiète de ne jamais voir le chantier rouvrir. Il ne connaît pas les motifs mais il est persuadé que je peux le faire libérer.

Soucieuse de lui venir en aide, je vais donc me renseigner auprès de Léo. Là, je tombe des nues : Gaspard est soupçonné d'avoir laissé mourir son père ? Je ne crois pas un seul instant à sa culpabilité. Que puis-je faire pour l'aider ?

« Je ne suis pas sûr que ce soit une bonne idée, Blanche. » me répond Léo.

Ce n'est pas pour Gaspard, mais pour ses trois cents employés que je veux me battre ! J'insiste sur le fait que je n'ai plus aucun sentiment pour lui.

Léo avait mille fois raison. Venir à la rescousse de Gaspard n'arrangerait rien à notre situation. Tu te persuaderais que je l'aimais encore. Mais il m'était impossible de rester sans rien faire. Il était seul et innocent, et si personne ne l'aidait, il resterait en prison. Je suis allée voir son avocate. Céline Frémont. Elle m'a informé que son client avait été placé en préventive et qu'il voulait me voir.

Me voir ? Il demande à me voir ? Pourquoi ? Pour que je le console ? Pour qu'il me dise qu'il n'a plus que moi sur qui compter ? Non. Je veux bien l'aider à distance, faire avancer les démarches, trouver des avocats, des témoins, mais je ne veux plus être en contact avec lui.

Pour me convaincre de bien vouloir le rencontrer, Céline m'a laissé entendre que s'il était en prison, c'était en grande partie à cause de moi. Que voulait-elle dire par là ? Que savait Gaspard qu'il ne disait pas à la police ? Elle n'a pas voulu m'en dire plus. Je suis allée aux Baumettes pour lui poser moi-même la question.

La dernière fois que j'y étais allée, c'était pour voir Sébastien, accusé de malversations et soupçonné d'avoir commandité le meurtre de l'amant de son neveu. Pourquoi faut-il que je tombe toujours amoureuse d'hommes qui s'avèrent être soit des assassins, soit des victimes ? Suis-je maso ? Wanda me dit que j'ai toujours eu un côté mère Teresa. Ai-je raté ma vocation de visiteuse de prison ?

J'ai été bouleversée en voyant Gaspard. Il était si triste, le visage ravagé par l'angoisse et le manque de sommeil. Mon cœur s'est serré, mais je suis parvenue à afficher un air distant. J'aurais aimé le rassurer, le prendre dans mes bras, mais il aurait pris cela pour une marque d'amour alors qu'il n'y avait là que de la compassion. Et puis j'avais décidé, par égard pour toi, de mettre un terme à toute intimité avec Gaspard.

Gaspard a compris qu'il ne devait rien espérer de moi sur le plan amoureux, et s'est alors concentré sur ses problèmes judiciaires et l'intérim de son entreprise. Il avait besoin de quelqu'un pour signer les chèques de plus de 50 000 euros et voulait me donner une délégation de signature.

« Tu es la seule personne en qui j'ai totalement confiance. »

Je ne pouvais pas accepter. Personne n'aurait compris que je devienne son bras droit. C'était comme s'il me désignait symboliquement comme sa femme. Je pouvais signer des chèques, et après ? J'aurais eu les clefs de son hôtel pour lui apporter des chemises propres ?

Gaspard, abandonné de tous, n'a pas compris ma réaction.

« Tu peux pas me laisser tomber. Je paye déjà assez cher notre relation. »

Je ne comprenais pas. Il sous-entendait que c'était à cause de toi qu'il était en prison. Exactement ce qu'avait laissé entendre Céline... Je lui ai demandé de m'en dire plus, et devant mon insistance, il m'a avoué que tu avais fait un faux témoignage.

Il m'a précisé cependant qu'il ne t'en voulait pas et qu'il comprenait les raisons de ta colère.

C'est donc pour ça que Léo avait insisté pour que je ne me mêle pas de cette histoire.

Samedi 2 juillet

Cette nuit, j'ai rêvé que Gaspard était encore en prison et qu'il me suppliait de le faire sortir.

On est dans le parloir, il s'agrippe à moi et m'implore. Je lui dis que je ne peux rien pour lui, que si je l'aide, tu vas nous tuer tous les deux. Alors il me demande de faire l'amour. Je le repousse, mais il insiste. J'appelle le maton à l'aide. Le maton entre, c'est toi. Tu lui donnes un violent coup de pied à la tête. Puis tu me souris et tu me tends la main pour me relever :

« Viens, maman, on rentre à la maison. »

Gaspard, à terre, saigne.

« On ne peut pas le laisser comme ça, il faut l'aider. »

Le sang de Gaspard coule, coule, et je ne sais pas quoi faire.

Ce rêve me remet face au dilemme qui a été le mien à l'époque, dans la lumière triste du parloir des Baumettes. Si ce que Gaspard venait de me dire était vrai, s'il était en prison par ta faute, alors je devais t'empêcher de commettre un acte aussi inique. Mais je prenais le risque que tu me détestes encore plus.

J'ai pris ton parti. J'ai dit à Gaspard que j'allais l'aider, mais qu'il devait tirer un trait définitif sur notre histoire. Il l'a difficilement accepté. Où était passée la Blanche passionnée qu'il avait aimée ?

Mais l'avais-je seulement aimé ? C'est la question qu'il me posa, ce matin-là.

« Est-ce que ça compte, ce qu'on a vécu, si tu mets de côté tout le malheur que ça a engendré ? »

Il faut le comprendre. Les gens qu'il aimait l'abandonnaient, et tout ce en quoi il avait cru disparaissait. Votre bébé, son amitié avec Sam. Il avait l'impression que rien n'avait existé. Et notre amour, alors, avait-il été lui aussi un mirage ?

Malgré tout le réconfort que j'avais envie de lui apporter, je n'ai pas eu le cœur de lui mentir.

« Ça a été tellement bref, à peine une semaine. Il restera une trace mais elle ne sera pas si importante que ça. »

Il m'adressa un regard profondément mélancolique. Sa foi en un amour absolu venait de s'éteindre. Tout ça pour ça ! semblaient dire ses yeux. Il m'était impossible d'assister plus longtemps à sa détresse. J'ai demandé au maton de me faire sortir.

En rentrant des Baumettes, j'étais si bouleversée, que j'ai failli me faire renverser plusieurs fois. C'était moins Gaspard que toi qui m'inquiétait. Ses propos me laissaient craindre que tu n'entres à nouveau dans la spirale de la vengeance.

Comme il y a six ans, quand tu as fait une psychose puerpérale après la perte de ton bébé. Je n'ai jamais aimé ce terme clinique, je préfère dire que la douleur t'a fait perdre la notion de la réalité.

La trahison de Rudy t'avait rendue si malheureuse que tu as voulu le voir souffrir autant que toi. Tu as essayé de les empoisonner, lui et Ninon, en leur servant ce plat truffé de médicaments. Que voulais-tu ? Qu'ils se regardent agoniser mutuellement ?

Tu as agi froidement, sans scrupule, prenant même le soin de les enfermer pour qu'ils ne s'enfuient pas. Heureusement pour eux, et pour toi, ils ont réussi à joindre les secours. Alors seulement tu t'es *réveillée* et tu as pris conscience de la gravité de ton acte.

Certes, tu étais jeune à l'époque, et encore sous le coup de ce terrible accident de voiture, mais j'avais peur que les récents événements ne te replongent dans cet état de folie.

J'ai revu Céline pour envisager la meilleure façon de faire sortir Gaspard. Très vite, on s'est aperçues que c'était Vincent Chaumette qui avait ourdi la machination contre Gaspard. Il avait pris les commandes du cerveau de Sam et le manipulait comme une pièce d'échecs.

Comment s'y était-il pris ? En lui offrant le meilleur avocat de la ville, Maître Leoni, qui était entièrement à sa botte. C'est ce dernier qui avait incité Sam à enfoncer son meilleur ami pour se disculper.

Pour mettre en branle la machination, il fallait frapper à la tête et s'en prendre directement à Vincent. Nous avons réussi à le neutraliser, par un chantage dont je te passerai les détails. Maître Leoni, sur ordre de Vincent, poussa alors Sam à revenir sur sa déposition.

Les affaires de Gaspard étaient sur le point de s'arranger. Mais il restait encore à te convaincre, toi, de revenir sur ton faux témoignage. Affronter Vincent me faisait beaucoup moins peur que de te parler.

Je suis allée chez Rudy, où tu logeais provisoirement. J'ai pris une bonne bouffée d'air, je me suis rappelé que j'étais toujours ta mère, une adulte responsable. J'ai sonné. Tu m'as ouvert, sur la défensive. Je suis allée directement au but de ma visite :

« Tu ne peux pas laisser Gaspard comme ça en prison. »

Je me rappelle précisément la scène.
Tu me toises d'un air ironique et tu me réponds :

« Je suis conne. J'ai cru un moment que tu voulais m'expliquer comment tu as fait pour me piquer mon mari. En fait, tu es venue pour plaider la cause de ton amant. »

Ta réponse ne me surprend pas. Je te réponds avec sincérité :

« Ce n'est plus mon amant. »

Je prie pour que tu me croies, pour que tu voies dans mes yeux que c'est vrai. Mais tu es sceptique :

« Avoir le courage de m'affronter pour le faire sortir de prison, c'est la preuve que tu l'as dans la peau. »

J'insiste. Je t'explique que je n'ai plus de sentiments pour Gaspard, que seul le sens de la justice m'anime. Rien n'y fait. Tu restes persuadée que je mens.

« Je reviendrai pas sur ma déposition. Et quand il sortira, tu seras vieille et il voudra plus de toi. »

C'est là que j'ai compris que tu t'étais inventé un monde dans lequel nous étions tous contre toi, et où il n'y avait plus de place pour la pitié et la justice. Œil pour œil, dent pour dent. Il n'y avait pas d'autre loi. Et rien à faire.

Je n'étais pas *contre* toi, j'étais là *pour* toi, Johanna. Peu m'importait Gaspard.

Dommage que tu n'aies pas assisté à mon second entretien avec Gaspard, au parloir. Tu aurais compris qu'il n'y avait plus rien entre nous. J'étais retournée le voir pour lui rendre compte de mes avancées avec Sam et Vincent Chaumette.

Je le trouve aussi pâle et aussi sombre que la fois précédente. Il écoute d'une oreille distraite ce que j'ai à lui dire. La seule chose qui semble l'intéresser, c'est notre histoire d'amour. Ce qu'elle a été, ce qu'elle sera. La peine qu'il encourt, le risque de passer des années en prison, la faillite de son entreprise, tout cela, à cette minute-là, on dirait qu'il s'en fiche. Tout ce qui le préoccupe, c'est nous.

« Je serais un inconnu, tu te démènerais quand même pour me sortir d'ici ?
– Oui, si quelqu'un venait me le demander, je le ferais. Qu'il ait été mon amant ou non. »

Visiblement, ce n'est pas ce qu'il veut entendre.

« Est-ce que tu pourrais être moins froide, Blanche ? J'en ai besoin. J'ai besoin que tu montres que tu m'as aimé. »

Je tiens bon. Son regard cherche le mien, mais je ne lui donne rien à saisir. Pas de sentiment, pas d'émotion. Je me retire en moi-même. Il renonce à me trouver et lance, exaspéré :

« Tu es inhumaine. »

Gaspard voulait que je l'aime encore, mais on ne peut pas forcer quelqu'un à aimer. Et puis, s'il m'avait aimée, il aurait compris que j'avais besoin de retrouver ma dignité, et qu'en l'aidant sans contrepartie, j'étais en train de reconquérir ma fille.

Ma dignité, celle de pouvoir me regarder dans la glace. Voilà de quoi il était question à cette époque.

Mardi 5 juillet

Ma chérie, je n'ai pas écrit plus tôt car il s'est passé quelque chose de très préoccupant avec Noé cette semaine.

Tu te souviens que je t'ai parlé de cette Nadia Dumas ? Elle a gardé trois fois Noé et j'avais l'impression qu'elle savait le cadrer. Elle arrivait à le coucher à l'heure, il était devenu sage comme une image. J'avais remarqué qu'il faisait des cauchemars et qu'il faisait à nouveau pipi au lit, mais je mettais ces perturbations sur le compte de mon propre stress.

La vérité, c'est que Nadia le menaçait et l'enfermait dans un placard quand il ne faisait pas ce qu'elle voulait. C'est grâce à Eve Tressere que la police a pu ouvrir une enquête.

Eve l'a reconnue comme la nounou qui l'a traumatisée petite. Toute sa vie, elle a enfoui les sévices qu'elle a subis. Elle souffre depuis longtemps d'un complexe d'abandon et rejette tous les hommes qui sont prêts à l'aimer. Qui aurait imaginé que sa névrose venait des mauvais traitements que sa nounou lui infligeait une fois ses parents partis ? En recroisant par hasard cette Nadia au Mistral, tout lui est revenu.

Quand la police m'a convoquée pour me dire que ma baby-sitter était soupçonnée de maltraitance, je n'y ai pas cru. Pas Mme Dumas, qui a l'air si carrée et si pro ! J'étais dans le déni et je me suis même portée garante pour elle ! Puis j'ai eu un doute, et j'ai emmené Noé chez un pédopsychiatre qui m'a confirmé qu'il avait été traumatisé. Le pauvre *bout'chou* lui a parlé de son doudou qui avait été enfermé dans un placard et qui avait très peur.

La police, entre-temps, a fait une enquête auprès des familles ayant eu recours à Nadia, ils ont pu rassembler un faisceau de témoignages contre elle. C'est moi qui ai apporté le dernier.

Je sors à nouveau de chez le psychiatre. Comme Noé a réussi à verbaliser sa peur dès la première séance, il est persuadé qu'il arrivera à surmonter son traumatisme. Il aimerait juste voir Noé une fois par semaine durant un mois. Le petit bonhomme semble déjà aller mieux. Je lui ai dit que Nadia ne reviendrait plus jamais. Il a encore fait des cauchemars cette nuit, mais n'a pas fait pipi au lit.

Cette histoire me fait énormément culpabiliser. Comment ai-je pu faire aveuglément confiance à cette femme ? J'aurais dû interpréter les signes que m'envoyait Noé, ses cauchemars, son besoin de dormir avec moi, ses « pipi au lit ». Si Eve Tressere n'était pas intervenue, combien de temps je l'aurais laissé entre les mains de cette femme ? Penser à ce qu'elle lui faisait me donne la nausée. N'ai-je donc aucun instinct maternel ? Je détruis la vie de ma fille, je manque de détruire celle de mon fils.

Mercredi 6 juillet

Un petit miracle vient d'avoir lieu sur le lent chemin de notre réconciliation, et je veux te remercier pour ce cadeau.

J'étais en train de préparer des raviolis au fromage pour faire plaisir à Noé, quand j'entends toquer à la porte. Nathan avait emmené Noé au parc, je vais donc ouvrir pensant qu'ils sont de retour. C'est toi. Tu viens me demander des nouvelles de ton petit frère. Je t'explique ce qui s'est passé, je t'avoue aussi que je culpabilise de n'avoir pas vu que Nadia le maltraitait. Au lieu d'en profiter pour m'enfoncer davantage, tu me rassures. Tes mots résonnent encore dans ma tête et me réchauffent le cœur.

« Maman… Tu es une bonne mère. Je veux pas que tu croies le contraire. Tu l'as été pour moi et Lucas, on a eu une enfance géniale. »

Je n'en crois pas mes oreilles ! Tu veux me réconforter, toi, ma Johanna, à qui j'ai fait tant de mal !

« Tu t'occupes bien de lui. Continue comme ça. Il ne faut pas que tu mélanges tout. Noé allait très bien avant ça. Il ne voit pas Franck très souvent, mais tu as réussi à gérer votre séparation. Ce qui s'est passé entre nous… Mon départ de la maison, ma colère contre toi… Tu le protèges de tout ça. »

Qu'est-ce que je peux répondre ? Merci, merci, merci ! Au lieu de cela, je bafouille que je fais du mieux que je peux. Je suis tellement émue. Personne ne pouvait mieux me rassurer que toi. J'ai envie de te garder à déjeuner, mais je me retiens. Tu m'as déjà beaucoup donné, et je sais que tu repousseras tout symbole de réconciliation. Je ne veux surtout pas t'effaroucher.

La porte s'est refermée sur toi, mais mon espoir s'est rallumé. Si tu es capable de faire la part des choses, peut-être finiras-tu par comprendre qu'une mère est capable de faire du mal à sa fille tout en continuant à l'aimer plus que tout ?

Jeudi 7 juillet

Je pars demain pour quelques jours à Saint-Jean-du-Gard, chez une amie qui a un petit Arthur du même âge que Noé. On sera de retour mardi, pour sa séance chez le pédopsychiatre. Nos bagages sont prêts, j'ai un peu de temps devant moi pour faire avancer ma longue confession.

Je n'étais donc pas parvenue à te convaincre de revenir sur ton faux témoignage. Au contraire, mon laïus assez maladroit et moralisateur t'avais confortée dans ton projet.

Je me suis rapprochée de Rudy en espérant qu'il puisse t'aider à revenir à la raison. Il est venu chez moi et a déploré que tu ne l'écoutes pas.

« Si Céline organisait une nouvelle rencontre aux Baumettes avec Gaspard, Johanna verrait sa détresse. Elle l'aiderait à sortir de prison.

– Elle ne craquera pas, me répond-il. Au contraire, elle va prendre un malin plaisir à le voir dans la merde.

– Tu as tout essayé ? Tu peux vraiment rien faire ?

– Non. Si j'insiste, j'ai peur qu'elle pète un câble.

– Elle est si fragile que ça ?

– Elle est *borderline*, il vaut mieux la surveiller. »

Rudy voyait juste. Tu étais incapable d'écouter tes proches. Tu les soupçonnais d'être de mon côté. Plus ils essayaient de te raisonner, moins tu leur faisais confiance. Estelle en avait fait les frais. Vous vous êtes fâchées au sujet de Djawad, pour un rien.

Après ta meilleure amie, c'est ton grand-père que tu as évincé. D'après Thomas, tu l'as quasiment mis à la porte alors qu'il venait t'apporter un plat cuisiné. Quant à Thomas, tu ne lui avais pas pardonné qu'il continue à me parler.

Ainsi, très vite, tu as fait le vide autour de toi. Tu n'avais pas de travail, pas d'obligations. Ta souffrance te donnait tous les droits, même celui de ne rien faire, et personne n'osait plus rien te dire.

Tu t'es enfoncée dans la solitude, où tu pouvais ruminer ta haine. Tu avais construit une muraille autour de toi, et plus personne ne pouvait t'atteindre.

Un soir, tu n'es pas rentrée chez Rudy.

La veille, Léo était venu t'annoncer que Sam était revenu sur sa déposition. Désormais, seul ton témoignage l'empêchait d'innocenter Gaspard. Tu as reconnu qu'il ne t'avait pas quittée le jour de la mort de son père, mais jamais tu ne le dirais officiellement. Pour toi, Gaspard était quand même coupable. Ton raisonnement était illogique mais tu n'en démordais pas. « Il a du sang sur les mains », as-tu fini par conclure.

Le lendemain, c'était au tour de Rudy d'essayer de te raisonner.

« Johanna... Tu sais bien qu'il est innocent...
– Il est innocent ? Tu te fous de moi ?
– Je veux dire, il a tué personne !
– Et mon bébé, il l'a pas tué ? C'est à cause de lui que j'ai avorté. C'est à cause de lui qu'on m'a foutue dans une salle d'opération et qu'on l'a fait partir de mon ventre. »

Je sais qu'après tu as couru chez Vincent Chaumette. Tu ne comprenais pas pourquoi il avait incité Sam à revenir sur ses accusations. Vincent t'a expliqué que je l'avais fait chanter. J'avais découvert un virus qu'il avait installé au sein du réseau informatique de l'entreprise Espira. Je le menaçai de le dénoncer pour espionnage industriel s'il continuait à s'acharner sur Gaspard.

Cette révélation a été un nouveau choc pour toi. « Ça veut dire qu'elle l'aime encore... » Je t'imagine... Je te vois blêmir.

Ta voix tremble de colère quand tu t'adresses à Vincent :

« Elle vous a dit qu'elle faisait ça par amour, c'est ça ? »

Non, je ne lui ai rien dit de ce genre. De toute façon, il se fiche de la nature de mes motivations ; tout ce qu'il comprenait, c'est que je m'étais mise en travers de ses plans. Mais toi, tu as besoin de croire qu'avec Gaspard, nous nous sommes ligués contre toi. Pour que tu puisses nous déclarer la guerre, du haut de ta muraille.

«Mais si. Vous mentez, elle l'a fait pour lui. Quelle salope, elle a décidé de me détruire. »

Vincent a compris que tu n'étais pas dans ton état normal. Il t'a proposé de te raccompagner chez toi, mais tu t'es enfuie.

Ne te voyant pas revenir dans la nuit, Rudy est allé réveiller Roland, et au petit matin, ils ont décidé de prévenir Léo. Il a appelé tous les hôpitaux et a fait passer ton signalement à tous les commissariats de Marseille.

Nous étions au café du Mistral, Roland et moi, à nous ronger les sangs quand nous nous sommes enfin expliqués. J'avais besoin de parler. M'expliquer avec Roland, c'était m'expliquer avec toute la famille, dans ce qu'elle a de plus juste et de plus humain. Roland, c'est le juge du seul tribunal moral que je reconnaîtrai jamais. Le tribunal du cœur.

« Roland, je sais ce que tu penses de moi. Je te comprends. Je trouve ça normal. Moi-même j'ai du mal à me regarder dans une glace.

– Ça fait 27 ans qu'on se voit pratiquement tous les jours. Je pensais bien te connaître, je me suis trompé.

– Je suis consciente que je t'ai fait beaucoup de mal. Je ne te demande pas de me pardonner.

– C'est difficile. Je suis peut-être trop vieux mais je n'arrive pas à comprendre ce que tu as fait.

– Je n'ai aucune excuse.

– Je suis sûr que tu aimes ta fille comme toutes les mères, peut-être même plus qu'une autre. Comment tu as pu la rendre aussi malheureuse ?

– Je ne peux pas te donner d'explication.

– Est-ce qu'il y en a une ?

– Il y a celle que je me donne mais elle n'efface rien.

– J'espère quand même que tu retrouveras la paix.

– Moi, ça n'a aucune importance. La seule personne qui doit être heureuse, c'est Johanna. »

C'est la vérité. J'aurais tout donné pour que tout cela ne soit jamais arrivé. Pour te voir rentrer dans le bar avec Gaspard, joyeuse à son bras, un brin mutine. Comme à votre retour des États-Unis.

Pendant cette attente interminable, j'ai revécu le moment où tu avais disparu, au parc Borely. Tu avais trois ans. Nous avions pique-niqué avec Lucas. Ton père travaillait. Je m'étais octroyé une plage de lecture en vous surveillant de loin.

Je m'en souviens comme si c'était hier. Un homme sympathique et très élégant commence à me draguer en faisant mine de s'intéresser à ma lecture. Je me tiens d'abord sur mes gardes, mais peu à peu, je cède au plaisir de me laisser conter fleurette. Il est très correct, presque timide. Pour moi, c'est inhabituel de flirter avec l'interdit. Et puis je ne fais rien de mal après tout, et je n'ai aucune envie d'aller plus loin. D'ailleurs, j'ai l'impression que l'inconnu l'a deviné. Peut-être est-il marié lui aussi ? Il ne s'agit en apparence que d'un petit jeu badin entre deux adultes qui ont besoin de se rassurer sur leur charme. Soudain, je vois Lucas revenir vers nous, seul.

« Où es ta petite sœur ?
– Je sais pas.
– Elle est partie où ?
– Je sais pas. »

Mon cœur s'arrête. Il y a un lac d'agrément tout près... Et si tu étais tombée dedans ? Le parc est ouvert sur la rue. Et si tu étais sortie au milieu de la circulation ?

Je me lève, paniquée. L'homme propose de m'aider à te retrouver, mais je rejette son aide avec agressivité. Après tout, c'est de sa faute si j'ai baissé ma garde. Et puis moi seule peux te retrouver, personne ne peut m'aider.

Je décide de partir vers le lac. Il est grand et je dois encore choisir entre plusieurs directions. Pourtant, je n'hésite pas un instant. Je prends Lucas dans mes bras, j'emprunte un chemin, puis un autre. À gauche, tout droit, à gauche... Je ne réfléchis pas, comme si un lien secret nous unissant me menait vers toi.

Tu es là devant les cygnes, à l'autre bout du lac. Tu pleures. Je cours vers toi et je te serre très fort dans mes bras.

Cette fois, vingt ans plus tard, je n'avais plus eu cette intuition lumineuse. Comme si ce lien était rompu. En sortant du bar, quelle direction devrais-je prendre ? À gauche, à droite ? Je ne savais pas. Cependant, il restait quelque chose de ce lien magique : la certitude que tu étais toujours vivante. Une intuition claire, évidente.

C'est alors que Rudy a téléphoné. Roland a décroché le combiné, et son visage s'est illuminé.

« Allô ? Rudy ?.... Je suis soulagé... Oui bien sûr... Embrasse-la pour moi. »

Je me suis ruée sur lui. Il fallait absolument que Rudy me dise où tu étais. Il fallait que je te parle.

Tu avais passé la nuit sur la plage du fort Saint-Jean. Rudy s'était rappelé que c'était déjà là qu'il t'avait retrouvée six ans plus tôt, quand tu avais fugué, après avoir tenté d'empoisonner Ninon et Rudy. La situation présentait un grand nombre de similitudes. Tu étais en état de crise. Tu culpabilisais pour ce que tu avais fait et, à la fois, tu étais révoltée à l'idée de ce qu'on t'avait fait.

Tu regardais la mer se fracasser contre les rochers, et tu y voyais une lutte perpétuelle et violente, à l'image des forces qui s'agitaient en toi. En même temps, ce spectacle t'apaisait et tu y trouvais une sorte de consolation.

Quand je suis arrivée sur la plage, tu avais la tête posée sur l'épaule de Rudy. Il t'avait donné son blouson pour te réchauffer.

Je me suis avancée vers toi et je t'ai appelée de loin pour ne pas te surprendre.

Tu as d'abord voulu m'éviter, mais Rudy t'as encouragée à m'écouter. L'heure des explications avait sonné. Il fallait que je saisisse cette chance.

Je m'approche un peu plus.

« J'ai compris certaines choses, c'est important que je te les dise.
– J'étais mariée, j'étais enceinte, c'est ça qui était important. »

Tu tournes déjà les talons. Non, tu ne dois pas partir… Il faut que tu entendes la vérité :

« Attends… Ce que j'ai fait, je l'ai fait contre toi. Je ne supportais pas de te voir heureuse. Il m'a fallu un peu de temps. Grâce au travail que j'ai fait avec la psychiatre, j'ai compris que j'étais jalouse de toi. »

C'est comme un coup de fouet pour toi. Tu te retournes et tu me lances, avec un air scandalisé et plein de colère :

« Tu as foutu ma vie en l'air par jalousie ? »

Tu t'es retournée ! Tu veux bien m'écouter ! Je dois continuer. Tout te dire, même si c'est honteux. Que tu saches que c'est moi qui suis pitoyable, et que tu retrouves confiance en toi :

« Je croyais que c'était de l'amour qui m'attirait vers Gaspard, mais non. Je voulais me prouver que j'étais encore jeune, belle, séduisante. Comme toi. Quand tu es rentrée des États-Unis, tu rayonnais.
– Tu aurais dû être heureuse pour moi ! »

C'est vrai, j'aurais dû me réjouir, mais il faut que tu saches que je suis une mère défaillante, et une femme particulièrement vulnérable.

« Je me suis pris en pleine figure ma solitude, ma vieillesse. J'étais effrayée à l'idée de passer mes soirées devant la télé et mes week-ends au parc avec Noé. »

Et puis, soudain, j'ai envie de dire les seuls mots qui comptent.

« Je t'aime... Tu ne peux pas savoir comme je t'aime. »

Mais ces mots ne sont pas magiques, c'est une illusion de croire qu'ils peuvent tout résoudre. Il ne suffit pas de *dire* pour que l'autre nous croie. Il ne suffit pas de *dire* pour que ce soit vrai.

Je dis que je t'aime, mais est-ce que c'est vrai ? Si je t'aimais vraiment, est-ce que je t'aurais trahie ? Ai-je encore le droit de te dire cela ?

« C'est bien que tu me l'aies dit parce que tu n'en auras plus l'occasion. Salut ! »

Tu ne m'as pas crue.

Comment t'en vouloir ? Si Wanda m'avait dit qu'elle m'aimait avant de me soutenir dans mon épreuve, est-ce que je l'aurais crue ? Non. C'est par ses actes que j'en ai eu la démonstration. Alors j'attendrai l'occasion de te prouver mon amour.

Ce jour-là, je n'ai pas réussi à te convaincre, mais au moins j'ai posé la première pierre du plaidoyer d'une mère défaillante. Cette lettre entre dans cette démarche.

C'est sur cette plage, au moment même où tu t'es retournée pour m'écouter, que j'ai réalisé que tu avais besoin de *comprendre*. Malgré le visage muet que tu affiches depuis trois mois, je sais que tu as envie de me croire quand je te dis que je t'ai volé ton mari parce que j'étais jalouse de toi. Ce n'est pas mon charme ou ma beauté qui ont séduit Gaspard, mais seulement la volonté désespérée d'une femme sur le déclin.

Quelques heures après notre entrevue, tu es allée au commissariat pour revenir sur ton témoignage. En innocentant définitivement Gaspard, tu t'es autorisée à tourner une page. Tu as décidé de miser sur l'avenir, et de faire passer ton bonheur avant ta vengeance.

Mardi 12 juillet

Aujourd'hui, Thomas m'a raconté comment tu t'étais trouvé une amie en la personne de ta patronne. Elle s'appelle Claire, c'est ça ? Apparemment, elle te couve comme une mère oiseau son oisillon. J'ai peur parfois qu'elle me remplace dans ton cœur et qu'elle te serve de mère de substitution, mais je me réjouis aussi tellement que tu puisses compter sur elle. Le monde du travail est parfois très dur, et tu es encore fragile.

Il m'a aussi informée qu'hier, tu avais officiellement obtenu le divorce d'avec Gaspard. Tout ce qui peut t'aider à tourner la page est positif.

Lundi 18 juillet

Je viens d'apprendre par Wanda que tu as emménagé avec ton nouvel ami, Xavier Revel. J'espère que ce n'est pas trop précipité. Que ce n'est pas le désir d'oublier Gaspard qui te fait accélérer ton histoire avec cet homme.

J'ai encore du mal à penser que tu puisses aimer un homme de son espèce, toujours tiré à quatre épingles, et qui ne mange que dans des restaurants haut de gamme. Je ne peux me départir d'une certaine méfiance à son égard.

Enfin, je n'ai plus le droit de me mêler de ta vie.

J'ai demandé à Wanda ce qu'elle pensait de lui. Mais puis-je avoir confiance dans le jugement de ta grand-mère ? Ce qui l'intéresse, c'est l'argent qu'il gagne et le nombre de mètres carrés qu'il possède.

Quand comprendra-t-elle que l'argent et les belles robes n'ont jamais rendu personne heureux ?

Thomas ne peut pas m'en dire plus. Tu lui parlerais moins depuis l'histoire de Gaspard. Moi je pense qu'il ne veut pas divulguer tes confidences. D'après lui, je n'ai aucune raison objective pour ne pas apprécier Xavier Revel. La seule chose qu'il avait remarquée, c'est que tu avais l'air plus gaie, et que tu riais à nouveau.

Tu ris à nouveau ! Je suis contente que tu sortes enfin de ce long tunnel qui a assombri nos vies. Moi-même, j'ai l'impression de commencer à en voir le bout, même si je ne sais pas encore dans quelle mesure cette lettre me fait avancer. Je ne sais plus comment la finir. Je sais simplement qu'il va falloir que je te dise, une fois pour toutes, comment s'est soldée notre histoire avec Gaspard. Si je l'ai aimé, si je l'aime toujours. Tout ce que tu as besoin de savoir pour définitivement tourner la page.

Mercredi 20 juillet

Je suis en colère. Je suis déçue. Abattue. Nathan a lu ma lettre ! Je viens tout juste de le découvrir et je suis encore sous le choc. J'ai un mal fou à rassembler mes esprits, pour écrire quelque chose qui ressemble à des phrases. Mes mains tremblent.

C'était il y a quelques minutes. J'étais en train de faire du repassage. Nathan, la bouche en cœur, me propose de s'en occuper pendant que je vais me changer les idées au vide-greniers. « Je suis en vacances, il faut que j'en profite ! » a-t-il le culot de me préciser. J'ai bien un doute sur sa capacité à repasser, mais il me rassure aussitôt : « Je l'ai fait quand j'ai bossé à l'hôtel en Martinique. Mais surtout des serviettes de plage. Ça m'avait beaucoup plu. J'aimerais bien me perfectionner. »

Sa demande m'a amusée, et de toute façon, ça fait bien longtemps que je ne cherche plus à comprendre ses lubies. Il avait l'air ravi que j'accepte sa proposition, et il m'a quasiment mise à la porte. Et pour cause, il attendait que je sois partie pour se ruer à mon bureau !

Seulement, dans la précipitation, j'ai oublié mon carnet de chèques. Je reviens alors sur mes pas et je découvre Nathan assis à l'ordinateur... Je me précipite sur l'écran avant qu'il n'ait le temps de fermer le fichier qu'il a ouvert, et je découvre qu'il lit ma lettre !

Un vrai choc. C'est comme s'il avait volontairement poussé la porte de ma chambre pour me voir toute nue. Sur le moment, j'ai eu envie de le gifler. Il m'a sorti une histoire à dormir debout. La semaine dernière, avec Raphaël Cassagne, ils auraient voulu vérifier une information sur Internet suite à un pari à propos du réalisateur de je ne sais quel film. Le petit Cassagne aurait alors renversé son verre de soda sur le disque dur, provoquant une panne instantanée de mon ordinateur.

Tu imagines si j'avais perdu le fruit de ces longues heures passées à parler avec toi ? En même temps, ça m'aurait peut-être soulagée. La question de l'issue à donner à cette lettre aurait été réglée.

Finalement, tous mes fichiers ont été sauvés grâce à Guy qui leur a conseillé de sécher le disque dur au sèche-cheveux. Après avoir appliqué ce traitement spécial pendant une heure, ils ont ouvert un fichier au hasard pour vérifier que tout fonctionnait.

Ce fichier, c'était ma lettre. Évidemment, ils n'ont pas résisté à la tentation d'en lire les premières lignes. J'imagine les commentaires débilitants et gras qu'ils ont pu faire ! Rien que d'y penser, j'enrage. J'ai honte, même.

Je suis furieuse. J'ai demandé à Nathan s'il s'était bien diverti...

« Si j'ai lu, c'est parce que je trouvais ça super beau et touchant. »

Mais je me moque de ce qu'il pense. Ce texte, c'est un journal intime ! Personne ne doit le lire, à part moi.

« Je suis désolé. J'ai été nul. J'aurais pas dû faire ça. »

C'est trop facile ! Être désolé ne suffit pas. Il est trop tard pour regretter ! Il a prouvé qu'il ne me respectait pas en violant mon espace secret.

« Ah non, vous pouvez pas dire ça. Je vous respecte vachement. Et depuis que j'ai... enfin... maintenant, je vous respecte encore plus. »

Qu'est-ce que ça veut dire ? Il me respecte alors qu'il connaît désormais le côté le plus sombre de mon âme ? Je ne voulais pas l'écouter davantage, et je lui ai demandé de sortir sur-le-champ.

« OK, désolé, vraiment. Si vous voulez que je fasse un truc pour réparer, je... »

Non ! Qu'il sorte ! Je veux être seule ! Il ne peut pas comprendre ça ?

Je suis à nouveau sur ce texte, pour te raconter ma colère mais il ne représente plus cet espace privilégié de confidences. Quelque chose a changé. Je regarde toutes ces pages que j'ai écrites et j'ai l'impression qu'elles ont été salies.

J'ai envie de les effacer.

« Sélectionner tout » puis « Supprimer ». Il n'en restera plus rien...

Jeudi 21 juillet

Je n'ai pas pu me résoudre à détruire toutes ces pages. Ce serait trop facile. Comme si je pouvais effacer le mal que je t'ai fait. Au contraire, il faut que j'assume. J'ai écrit noir sur blanc toute ma honte, et ce texte doit continuer d'exister.

Par contre, je n'arrive plus à retrouver l'envie d'écrire. Je ne me sens plus en sécurité depuis que mon territoire a été violé.

Mais mon blocage n'est-il pas plus profond que ça ? Je me demande si ce n'est pas mon inconscient qui résiste. Ma lettre arrive à sa fin, et mettre un point final, cela voudra dire peut-être te la faire lire. Je crois que cette idée me fait peur...

Lundi 25 juillet

Je reprends la plume avec plus d'assurance et l'envie d'aller jusqu'au bout. La conversation que j'ai eue aujourd'hui avec Nathan m'a redonné confiance.

Pourtant, la journée avait mal commencé. Je l'ai surpris à discuter avec toi à la terrasse du Mistral. De loin, j'ai eu l'impression qu'il te racontait certains détails de ma lettre. Je lui ai demandé qu'il me rende des comptes, et qu'il me dise ce qu'il t'avait dit. En fait, il te parlait simplement de ce job de plagiste qu'il a dégoté grâce au propriétaire de la plage de La Ciotat, pour qui il avait déjà travaillé.

Il compte partir demain. Je suppose que son départ n'est pas étranger à notre récente dispute, car depuis, l'ambiance à la maison est devenue pesante. Nathan n'ose presque plus me parler et ne rentre que pour dormir. J'avoue que je ne cherche pas à le mettre à l'aise, et j'adopte un ton souvent glacial. Mais que veux-tu, il l'a bien cherché !

Quand je suis rentrée, il y a deux heures, il avait fait ses valises. Il comptait partir le soir-même. Il était si gêné par mes remontrances ce matin qu'il a avancé son départ. Il me tend alors un bout de papier.

« C'est la liste des pires trucs que j'ai faits dans ma vie. C'est sûr, j'écris pas aussi bien que vous... Mais je voulais vous donner ça pour... pour que vous en sachiez autant sur moi que moi sur vous. Enfin, sur des choses intimes dont j'ai envie de parler à personne. »

Sur le moment, je reste perplexe, lui expliquant que sa vie intime ne m'intéresse pas. Mais il insiste :

« S'il vous plaît, lisez-les... Comme ça, j'aurai moins mauvaise conscience, et puis on sera ex aequo... »

Je te livre quelques-unes de ses « mauvaises actions », juste pour te donner une idée de sa naïveté touchante, et peut-être un peu pour me venger de lui...

Le chenapan a jeté le chat de ta grand-mère par la fenêtre pour voir s'il retombait sur ses pattes, et il lui a dit qu'il était tombé tout seul.

Petit, il a vendu des photos de sa maîtresse toute nue et il a laissé accuser un autre camarade à sa place.

En lisant ces bêtises, je ne sais pas ce qui m'a empêchée d'éclater de rire. Au lieu de cela, j'ai pris mon air d'institutrice revêche et j'ai froncé les sourcils.

« Vous me jugerez pas trop sévèrement ? »

Je lui demande s'il m'a jugée quand il a lu ce que j'ai écrit pour toi... Il me répond que non, droit dans les yeux, avec tant de conviction que je sais que c'est vrai, qu'il *ne me juge pas*. Si tu pouvais penser comme lui après avoir lu cette lettre ! Si elle pouvait nous rapprocher !

En tout cas, sa réponse m'a donné le courage de continuer et d'aborder la dernière partie de ma lettre. Dès qu'il a passé la porte avec son gros sac de voyage, j'ai allumé mon ordinateur. Me voilà à nouveau seule avec toi.

Quand j'ai commencé à écrire, il y a plus de deux mois maintenant, j'ai promis de tout te dire. Je vais donc te parler une dernière fois de ma relation avec Gaspard. Pour boucler la boucle. Pour que tu ne te poses plus de questions.

Je vais essayer d'analyser avec franchise ce que j'ai ressenti pour lui et ce que je ressens encore.

J'ai fort peu revu Gaspard après que le scandale a éclaté. Comme je te l'ai dit, nous nous sommes vus pour discuter de la meilleure façon de t'aider. Deux fois au parc Borely, dans le matin glacial de l'hiver. Le sujet était l'avenir de votre bébé, il n'était plus question de notre relation, enfin en ce qui me concernait. Gaspard était d'accord pour qu'on ne se voie plus, il comprenait que notre amour n'avait plus d'avenir, et qu'il était devenu impossible à assumer pour moi.

« S'il n'y avait pas eu cette grossesse, ça aurait pu marcher nous deux ? »

Quand il me pose cette question, ce jour-là, sur le banc, je réalise que la perte de notre amour est peut-être plus importante pour lui que pour moi. J'ai du mal à répondre, j'esquive :

« Je ne peux pas répondre à cette question, il y a trop de si. »

Lui, contrairement à moi, est sûr de lui.

« Ça aurait pu marcher. Tu es la femme qu'il me faut, c'est une évidence pour moi. Et pour toi ? »

Qui est le plus coupable des deux ? Celui qui sacrifie le bonheur de sa femme au véritable amour ou celle qui sacrifie le bonheur de sa fille à une simple passade ? Et si je ne l'avais jamais aimé ? Fuir cette question, je ne pense qu'à fuir cette question pourtant capitale :

« Je viens de te dire que je ne peux pas répondre à cette question. »

Mais Gaspard s'accroche, il a besoin d'être rassuré. A-t-il sacrifié son mariage pour une femme qui ne croit pas en l'amour ? La question lui brûle les lèvres :

« Tu m'as aimé ?
– Oui... »

Qu'aurais-je pu répondre d'autre ?

Il m'a fallu deux semaines pour comprendre que je ne l'avais pas aimé. Le temps apporte une terrible lucidité. C'était comme une évidence.

Nous nous sommes revus au parloir quand il a été accusé à tort. Et puis une dernière fois sur les marches du Palais de Justice, quand il a été remis en liberté. Il n'y avait plus de bébé, cette fois. Et moi, je n'avais plus de fille.

Croyant que je suis venue le chercher, voilà son visage qui s'illumine, plein d'espoir. Je le détrompe immédiatement :

« Je veux simplement te dire que maintenant que tu es sorti de prison, tu n'as plus besoin de moi. »

Il comprend qu'il s'est illusionné sur mes intentions, mais s'accroche à un vague espoir.

« Le chantier n'est pas encore sorti du trou, je vais passer des moments difficiles. Si on pouvait se voir de temps en temps, ça m'aiderait. »

Pour son entreprise, il a besoin de bons banquiers et d'un conseiller financier mais pas de moi. Voici la suite de notre échange telle que je m'en souviens, c'est aussi les derniers mots que nous avons échangés :

« C'est grâce à toi que j'ai eu la force de prendre la place de mon père.

– Oui, je t'ai fait grandir, je t'ai tenu la main pour ne pas que tu tombes, comme une mère.

– Non, tu peux pas dire ça.

– Tu avais besoin de quelqu'un qui te rassure parce que tu avais décidé de quitter tes habits de clown et de prendre des responsabilités, j'ai joué ce rôle.

– Et toi, pourquoi tu es venue vers moi ?

– Il fallait que quelqu'un me prouve que je n'étais pas si vieille que ça. C'était la rencontre de deux angoisses qui a fait des dégâts irréversibles.

– Ça veut pas dire que ce n'était pas de l'amour. On cherche toujours quelque chose dans l'autre.

– C'était pas de l'amour.

– On se reverra plus ?

– Non... »

Depuis, je m'en suis tenue à ma promesse, et je ne l'ai jamais revu. Je ne sais pas ce qu'il est devenu, je ne sais même pas si l'entreprise Espira existe toujours. Toi-même tu dois en savoir plus que moi. J'espère qu'il va bien, même si je pense qu'il ne pourra pas trouver la paix avant longtemps. Un jour, il saura enfin qui il est vraiment. Un clown rêveur ou un chef d'entreprise. Un orphelin sans attaches ou le fils de Michel Espira.

Je ne sais pas aujourd'hui si j'ai raison quand je dis que notre relation était la rencontre de deux angoisses. Je ne suis pas sûre qu'il ait tort quand il dit que ça ne signifie pas que ce n'était pas de l'amour, et qu'on cherche toujours quelque chose dans l'autre. Ce qui est sûr, c'est que cet amour n'a pas duré longtemps, et n'existe plus. Tu peux en être certaine.

Vendredi 29 juillet

Ce soir, vers 18 heures, en revenant des courses, j'ai vu ton amoureux, Xavier Revel, à la terrasse du Mistral. Il prenait un verre de vin blanc tout en téléphonant. Je n'ai pas résisté à l'envie de l'observer, et je me suis assise derrière lui sans qu'il se rende compte de ma présence. J'ai fait mine de me plonger dans un livre.

Roland est venu me servir lui-même le soda que j'avais commandé à Thomas. Quand j'ai ouvert mon porte-monnaie pour le payer, il a fait un geste de la main, pour m'indiquer que c'était lui qui me l'offrait. Comme avant, quand je faisais partie de la famille, et qu'il m'aimait comme sa fille... Ce geste m'a réchauffé le cœur.

L'air de rien, j'ai écouté la conversation de l'homme qui était censé t'aimer. Il s'énervait au sujet d'un dossier à traiter en urgence. Voilà quelqu'un de désagréable avec ses collaborateurs, me suis-je dit. Et puis, j'ai compris qu'il s'agissait du sous-préfet, j'ai trouvé alors qu'il avait du courage de lui parler aussi fermement. Au moins n'était-il pas une serpillière, un de ces hypocrites qui faisaient des courbettes et des grands sourires à leurs chefs. Il refusait de travailler sur ce procès un samedi :

« Je vous ai prévenu, monsieur le sous-préfet, que je ne pouvais pas travailler ce week-end [...] Il n'y a rien d'urgent dans cette affaire d'héritage [...] Je vous dis que je ne suis pas du genre à accepter de travailler 24 heures tous les jours de la semaine. J'ai une vie privée, monsieur le sous-préfet. [...] Il s'agit d'un week-end très important pour moi et je ne transigerai pas. [...] C'est cela. Bon week-end, monsieur le sous-préfet. »

J'étais curieuse de savoir ce que son week-end avait d'exceptionnel. Que cachait-il ? Une passion coûteuse ? Une partie de golf ou un safari ? Je l'ai vu taper un numéro et parler avec une opératrice de voyage. Il a confirmé un séjour à Istanbul et a insisté pour que tout soit parfait. Il voulait que rien ne soit laissé au hasard. L'opératrice lui a fait épeler les noms des voyageurs : il a donné le sien, et le tien. Johanna Marci. Il a insisté pour que ce soit une surprise.

J'ai vu un homme amoureux ! Dans sa voix, j'ai entendu du respect pour ce que tu étais. Et quelque chose qui ressemble à de l'adoration.

Je suis soulagée que tu aies rencontré un homme capable de t'aimer. Un homme qui a compris quelle fille extraordinaire tu es et qui va te faire oublier celui qui n'a pas su t'aimer.

Maintenant, je sais que ma longue lettre prend fin. La boucle est bouclée. Je ne sais pas ce que je vais en faire. As-tu vraiment besoin de la lire ? De te replonger dans ce cauchemar ? Le meilleur antidote à ton malheur, plus que la vérité, n'est-il pas l'amour ?

Je laisse à cet homme, Xavier Revel, la mission de te faire croire à nouveau en l'avenir. Je lui donne ta main.

Et je t'envoie un long baiser, dans l'espoir qu'un jour je pourrai t'en donner un vrai.

Adapté du feuilleton *Plus belle la vie*, d'après une idée originale d'Hubert Besson et une histoire et des personnages créés par Bénédicte Achard, Georges Desmouceaux, Magaly Richard-Serrano et Olivier Szulzynger, et librement inspiré des épisodes 1631 à 1775.

Ont collaboré à l'écriture du feuilleton :

Nelly ALARD
Cristina ARELLANO
Claire AZIZA
Sylvie BAILLY
Sérine BARBIN
Sarah BELHASSEN
Sophie BOCQUILLON
José CALTAGIRONE
Frédéric CHANSEL
Françoise CHARPIAT
Emmanuelle CHOPPIN
Xavier DAUGREILH
Claudio DESCALZI
Georges DESMOUCEAUX
Marie DU ROY
Isabelle DUBERNET
Sébastien FABIOUX
Eric FUHRER
Mariem HAMIDAT
Grégoire JEAN-BAPTISTE
Philippe KLEBERT
Bertrand LA TOUR
Eline LE FUR
Christiane LEBRIMA
Claire LEMARECHAL

Pierre MONJANEL
Aurélia MORALI
Alain PATETTA
Arthur-Emmanuel PIERRE
Catherine PIERRE
Nathalie STRAGIER
Olivier SZULZYNGER
Rémy TARRIER
Stéphanie TCHOU COTTA
Nathalie VAILLOUD

Impression réalisée par

CPI
BRODARD & TAUPIN

La Flèche
en décembre 2011

N° d'impression : 67200
Dépôt légal : novembre 2011